AXEL G. VOSS

Drachenbau
mit Erfolg

Kniffe, Tips & Anleitungen

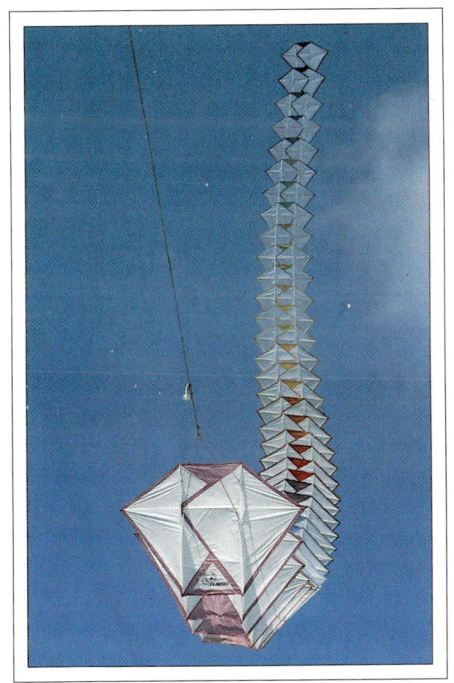

Christophorus-Verlag · Freiburg i. Br.

HOBBY+WERKEN

Inhaltsverzeichnis

Einleitung

Seit jeher hat der Mensch, dem die Natur keine Flügel geschenkt hat, versucht, den ihm versperrten Luftraum zu erobern. Daß diese Versuche von Erfolg gekrönt waren, zeigen moderne Düsenflugzeuge, mit denen wir binnen eines Tages halb um den Erdball reisen können. Aber es gibt ja noch eine andere, weitaus romantischere, schönere und erheblich streßfreiere Möglichkeit, sich den Himmel und die Winde zu erschließen: Drachen, Träume an der langen Leine, die vor mehr als 2000 Jahren wahrscheinlich in China das Licht der Welt erblickten, haben seitdem einen Siegeszug um die ganze Erde angetreten. Drachen ließ man früher hauptsächlich aus religiösen und kultischen Motiven oder auch zu wissenschaftlichen Zwecken fliegen. Der Drachen ist heute zu einem reinen Freizeitobjekt geworden, zu einem faszinierenden Spiel mit Formen und Farben, das sich den Wind zunutze macht, die Kreativität fördert und keinen Lärm und Schmutz verursacht. Nun kann man heute in fast jeder größeren Stadt in einem Fachgeschäft einen Drachen fertig von der Stange kaufen. Aber ist es nicht viel reizvoller, selber einen Drachen zu bauen und das Produkt der eigenen Hände hoch oben am Himmel zu sehen? Mit diesem Buch möchte ich Sie dazu anregen, das erhebende Gefühl, sich so den Wind nutzbar zu machen, nachzuvollziehen.

Die Bauanleitungen sind in zwei Gruppen, Flachdrachen und Zellendrachen, aufgeteilt, die mit subjektiv steigendem Schwierigkeitsgrad vorgestellt werden. Sie sollten mit den einfacheren Modellen beginnen. Ich wünsche Ihnen dazu eine glückliche Hand und allzeit

Gut Wind!

Axel G. Voss

Die Drachenliteratur ist vielfältig. Für Informationen über weitere Modelle und auch Drachengeschichte seien genannt:
Pelham, David: Drachen DuMont Verlag, Köln;
Moulton, Ron: Das Drachenbuch, Otto Maier, Ravensburg;
Hart, Clive: Kites an historical survey,
Paul P. Pappel, New York;
Streeter, Tal: The Art of the Japanese Kite, Weatherhill, New York;
Van Veen, Harm: Vliegers Zelf Maken, holländisch;
Angeletti, Maurizio: I Colori Del Vento, italienisch, Gammalibri, Mailand;
Olivieri, Oliviero, Gli Aquiloni, italienisch, Rom;
Bodoczky, Istavn: Sarkanyepites, ungarisch, Müszaki, Budapest;
Kite Lines, 7106 Campfield Road, Baltimore, MO21208, USA. Ein sehr gutes amerikanisches Fachmagazin, erscheint ca. viermal im Jahr.

Die vorstehend genannte fremdsprachige Literatur ist auch für den weniger sprachkundigen Leser wegen guter Zeichnungen und/oder guter Fotos interessant.

Die Rolle der Papprolle

Glattes und faltenfreies Bespannungsmaterial läßt sich bedeutend einfacher zuschneiden und verarbeiten. Vermeiden Sie daher jegliche Falten oder Kniffe und nehmen Sie eine Papprolle zum Einkauf mit, auf welche Sie noch beim Händler das Spinnakernylon faltenfrei aufwickeln. Passende Papprollen bekommen Sie im Fachhandel für Bürobedarf oder in Postergalerien. Vielleicht hat auch Ihr Drachenladen Papprollen vorrätig. Wenn dem so ist, zeichnet es ihn als Geschäft mit Fachverstand aus. Faltiges Spinnakernylon glatt zu bügeln ist ein mühsames Unterfangen, besonders bei größeren Stücken.

Segelschablonen

Ein gut fliegender Drachen erfordert ein peinlich genau zugeschnittenes Segel. Selbstverständlich läßt sich das bei einiger Übung auch mit Zollstock und Bleistift erreichen. Einfacher ist jedoch das Arbeiten mit Schablonen. Mit scharfem Messer geschnittene Pappschablonen sind schon eine gute Hilfe. Besser, weil haltbarer, sind Schablonen aus Spanplatten, die man sich vom Tischler maßgenau zuschneiden läßt. Solche Holzschablonen haben außerdem den Vorteil, daß man aus mehreren kleinen Schablonen größere zusammenlegen kann.

Die Nadel aus der Spraydose

Die Nähnadel kann sie nicht ersetzen, zumindest nicht bei Spinnakernylon, wohl aber die Stecknadel. Nach Ihren ersten Nähversuchen werden Sie festgestellt haben, daß der Umgang mit der Nähmaschine gar nicht so schwierig ist. Die Tücken liegen vielmehr im sauberen Heften, denn Spinnakernylon ist sehr glatt und rutschig. Wenn man zwei größere Lagen paßgenau aufeinander stecken will, kann man graue Haare bekommen.

Aus der Trick-Kiste. Grundsätzliche Tips und Ratschläge.

Haben Sie schon einmal einen Drachen gesehen, von dem Sie meinten, Sie könnten ihn nicht bauen, weil er so schrecklich kompliziert und schwierig aussieht? Oder dachten Sie, es wäre aus Zeitgründen nicht zu schaffen, weil man ja wohl Monate an so einem „Vogel" arbeiten müßte? Nun, sicherlich gibt es Drachen, die man nicht an einem Wochenende bauen kann; und auch solche, die schon ein gewisses Maß an Erfahrung verlangen. Trotzdem brauchen Sie nicht die Fähigkeiten eines Maßschneiders oder eines Feinmechanikers, um solche Drachen zu bauen, wenn Sie die hier aufgeführten Ratschläge beherzigen.

Bezugsquellen
In vielen Städten werden Sie Drachenläden finden, die nicht nur fertige Modelle, sondern auch Baumaterial, Zubehör und Bausätze anbieten. Den Ihrem Heimatort nächstgelegenen Drachenladen erfahren Sie von:
Wolkenstürmer
Hansastraße 52
2000 Hamburg 13
Tel. 040/453750
Darüberhinaus finden sie die Wolkenstürmer Drachenbausätze in vielen Bastelgeschäften.

Nicht jeder Montagekleber ist für diesen Zweck geeignet. Manche haben zu viele Klebstoffanteile und haften zu stark. Ich habe die besten Erfahrungen mit dem artwork spray der französischen Firma Mecanorma gemacht. Das artwork spray ist in Graphikerbedarfsgeschäften erhältlich.

Welchen Lötkolben?

Genausowenig wie Sie mit einem Fuchsschwanz Laubsägearbeiten durchführen, sollten Sie einen zu großen und ungeeigneten Lötkolben verwenden. Ein 30-Watt Kolben reicht völlig aus. Die Spitze sollte so fein wie möglich sein, damit Sie einen sauberen Schnitt erzielen. Da der Lötkolben eigentlich für andere Zwecke konstruiert wurde, läßt es sich nicht vermeiden, daß die Spitze nach einiger Zeit durch Ablagerungen von verkohltem Spinnaker verschmutzt wird. Diese Verunreinigungen lassen sich jedoch einfach wieder mit feinem Schleifpapier entfernen. Mit Schleifpapier kann man dickere Spitzen auch nachschärfen.

[1] *Zwei oder drei schnellere Schnitte sind besser, als ein – möglicherweise – zu langsamer.*

Manchmal, z.B. wenn Patchworksegel (siehe S. 14) entstehen sollen, ist Stecken aus Platzgründen sogar unmöglich. Nehmen Sie daher statt Stecknadeln Kleber, genauer gesagt Montagekleber, wie ihn Grafiker verwenden, wenn sie ein Layout erstellen. Der Pfiff bei diesem Kleber liegt darin, daß man zusammengeklebte Teile auch noch nach Tagen problemlos wieder trennen kann. Ein großer Vorteil, denn auf diese Weise kann man zwei Segelflächen immer wieder aufeinander legen, sprich kleben, bis alles haargenau stimmt. Überschüssige Kleberreste lassen sich leicht mit einem Lösungsmittel entfernen, welches normalerweise zusammen mit dem Montagekleber erhältlich ist. Wenn Sie sich dieser Heftmethode bedienen, sollten Sie jedoch unbedingt darauf achten, daß Sie Ihre Arbeitsfläche mit Zeitungspapier abdecken, damit sie nicht durch Sprühnebel verschmutzt wird. Das gleiche gilt auch für das Segel selber. Decken Sie alle Teile ab, die keinen Sprühnebel abbekommen sollen. Sehr genaue Begrenzungen erhält man mit einer Maske aus einem Bogen Zeitungspapier, in den man ein entsprechend großes Loch geschnitten hat.

Lötkolben statt Schere

Wenn Sie Spinnakernylon mit der Schere schneiden, müssen Sie es säumen, sonst franst die Schnittkante aus. „Schneiden" Sie Spinnakernylon daher mit einem feinen Lötkolben. Durch die Hitze schmelzen die Webfäden des Materials zusammen. Die Säumarbeit wird überflüssig. Das Arbeiten mit dem Lötkolben erfordert nur wenig Übung. Es kommt auf die richtige Schnittgeschwindigkeit an. Wenn Sie zu langsam schneiden, besteht die Gefahr, daß das Material verbrennt. Schneiden Sie zu schnell, wird es nicht richtig durchgetrennt[1].

Werkzeug

Wie bei allen Werkarbeiten, ist auch beim Drachenbau gutes Werkzeug schon der halbe Erfolg. Es ist ratsam, ein paar Mark für Qualitätswerkzeug zu investieren, als vergebliche und entmutigende Versuche mit ungenügenden Geräten oder Hilfsmitteln zu starten. Außerdem brauchen Sie zum Drachenbau keine umfangreiche Ausstattung.

Es reichen:
Puksäge, Fuchsschwanz, Bohrmaschine oder Handbohrer, Hammer, Schraubendreher, Stechbeitel, Flachfeile, Rundfeile, Schraubstock, Schraubzwingen, Ösenwerkzeug, Schleifpapier, Schere, Bastelmesser, Lineal, Zollstock, Schieblehre, Schreibzeug, Zirkel, Feinstlötkolben, Nähzeug und Nähmaschine.

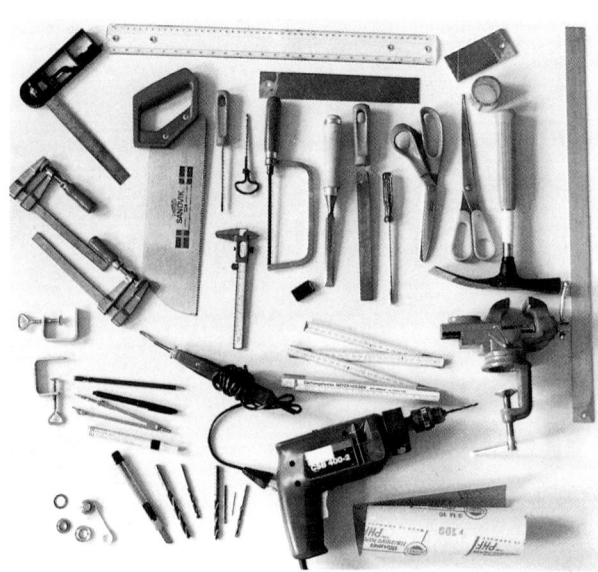

Aluminiumlineal
Äußerst hilfreich beim Arbeiten mit dem Lötkolben und als Zeichenhilfe ist ein langes Aluminiumlineal. Sie können es für ein paar Mark bei Metallbaufirmen (Branchenfernsprechbuch!) als Reststück kaufen. 200 x 4 cm sind eine handliche Länge. Das Lineal selber eignet sich übrigens hervorragend als Schablone für Spinnakerstreifen, die für die Fachherstellung gebraucht werden. Kleine Reste von Aluminiumblechen, die Ihnen der Händler für ein paar Pfennige überläßt, kann man ideal als Schablone für kleinere Stoffstücke nutzen, wie sie z.B. für Taschen oder Verstärkungen benötigt werden.

Nähmaschine

Wahrscheinlich werden Sie am Anfang Ihrer Drachenbauerkarriere die Nähmaschine verwenden, die im Haushalt bereits vorhanden ist. Falls Sie sich jedoch, um einem familiären Kleinkrieg vorzubeugen, eine eigene Drachen-Nähmaschine zulegen wollen, hier einige Tips, wie Sie an die richtige kommen. Grundsätzlich sind Maschinen, die nur zwei Sticharten, geradeaus und Zick-Zack, haben, für unsere Zwecke viel besser geeignet, als Produkte mit einer Vielzahl von Stichprogrammen. Weniger Sticharten bedeuten weniger bewegliche Teile und präziseres Nähen. Abgesehen davon, ist eine so einfache Maschine auch billiger. Selbst der Zickzackstich ist nicht zwingend erforderlich. Er wird nur relativ selten wirklich gebraucht. Auch eine elektrische Maschine ist nicht notwendig. Im Gegenteil, eine Maschine mit Hand- oder Fußantrieb ist, zumindest am Anfang, bedienungsfreundlicher, weil sie sich erheblich sanfter in Bewegung setzen läßt. Wenn Sie irgendwo ein so altes Vehikel, wie unten zu sehen ist, auftreiben können, greifen Sie zu. Sie näht zwar nicht ganz so fix, liefert aber sehr schöne und saubere Nähte.

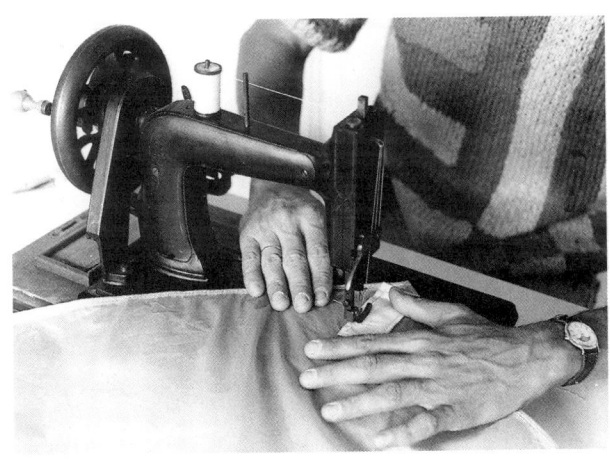

Rahmenmaterial (Holme)

Der Rahmen, das Gerippe des Drachens, muß sowohl kräftig als auch leicht sein. Die einzelnen Rahmenteile werden Holme genannt. Sie sollten nicht zu skeptisch sein, was die Dimensionierung des Querschnitts angeht. Sorgfältig ausgewähltes Rahmenmaterial hält eine ganze Menge aus, richtige Verarbeitung vorausgesetzt. Sehr beliebt, schon aus Preisgründen, ist Holz. Gut geeignet sind Rundstäbe aus Ramin, Fichte und Kiefer. Seien Sie bitte beim Einkauf sehr kritisch. Die Maserung muß parallel zur Längsrichtung und eng verlaufen. Auf keinen Fall dürfen die Rundstäbe Astspuren aufweisen. Ganz hervorragende Rahmen kann man aus Bambus- und Tonkinrohr herstellen. Die Bearbeitung ist nicht so schwer, wie es auf den ersten Blick erscheinen mag, erfordert aber ein wenig Geduld. Rohre mit kleinerem Querschnitt können ungespalten als Ganzes verarbeitet werden. Nur die Knoten werden mit Feile und Schleifpapier geglättet. Sehr dicke Rohre werden gespalten. Rahmen mit einem unübertroffenen Stabilitäts/Gewichtsverhältnis lassen sich aus Angelrutenrohlingen (spezielle Drachenläden) herstellen. Leider kann das, besonders bei größeren Drachen, ganz schön ins Geld gehen. Ein, wenn auch nicht gravierend, billigeres Rahmenmaterial für große Drachen bildet Rohr aus glasfaserverstärktem Kunststoff (GFK). Extrem leicht und kräftig, aber auch extrem teuer ist kohlefaserverstärkter Kunststoff (CFK).

Aluminium-Rohr (AL) wird nur eingesetzt, um Rahmenteile zu verlängern bzw. zu verbinden. Als Holmersatz kann man es nur bedingt verwenden, weil AL ziemlich weich ist.

Die Abbildung unten auf Seite 9 zeigt eine Auswahl verschiedener Rahmenmaterialien; ganz links ein Angelrutenrohling mit abgeschnittenem Sektkorken als Schutzkappe.

Rundstäbe, die Sie als Querholme verwenden wollen, müssen perfekte Gewichtssymmetrie besitzen. Da Bambus und Tonkin konisch wachsen, müssen Sie auf der dickeren Seite soviel abschleifen, bis der Holm, auf eine Messerschneide gelegt, genau ausbalanciert ist. Noch ein Tip: Bei Rohren können Sie sich das schweißtreibende und mühevolle Schleifen etwas erleichtern, indem Sie nur das Gröbste mit der Feile wegnehmen. Die Feineinstellung erzielen Sie, indem Sie die leichtere Seite etwas beschweren. Schieben Sie in die Rohrseele ein kleines Gewicht ein, und verankern Sie es mit UHU Alleskleber. Ein abgesägtes Stückchen Gewindeschraube eignet sich gut zu diesem Zweck. Häufig werden Holmenden in auf die Bespannung genähten Fächer eingeführt. Da sich auch das kräftigste Fach gegen scharfe Holzkanten allergisch verhält, müssen alle Holmenden mit Feile und Schleifpapier sorgfältig gerundet und glattgeschliffen werden. Bei dickeren Rundholmen können Sie sich diese Arbeit ersparen, wenn Sie auf die Enden ein abgeschnittenes Stück eines Kunststoff-Sektkorkens setzen und mit UHU hart sichern. Zu Silvester starten Sie also eine Sammelaktion!

Bambus spalten

Entscheidend beim Spalten von Bambusrohr ist ein gerader Schnitt, der nicht aus der Rohrmitte herausläuft. Dies wird erreicht, indem man zuerst alle Knoten mit einem scharfen Stechbeitel durch einen kurzen gezielten Hammerschlag spaltet. Spannen Sie das Rohr dazu in einen Schraubstock, oder befestigen Sie es mit Schraubzwingen auf Ihrer Arbeitsplatte. Beginnen Sie bei dieser Arbeit am dünneren Ende des Rohrs, und arbeiten Sie Knoten für Konten in Richtung dickeres Ende. Beide Rohrwandungen sollen in einem Schlag gespalten werden. Erst dann trennen Sie mit einem scharfen Messer das Rohr der Länge nach völlig auf. Wenn Sie öfter mit gespaltenem Bambus arbeiten wollen, sollten Sie sich ein Extramesser zulegen, dieses dann aber wirklich nur für diesen Zweck einsetzen. Die Spaltprozedur wird so lange fortgesetzt, bis Sie Leisten der gewünschten Stärke erreicht haben. Bambus und Tonkin mögen übrigens keine trockene Zentralheizungsluft. Sie neigen dann dazu, von selber zu spalten, in den seltensten Fällen an der gewünschten Stelle.

Stellen Sie Ihren Vorrat von Zeit zu Zeit für eine Nacht auf den Balkon, wenn Sie über keinen luftfeuchten Lagerraum (Keller) verfügen.

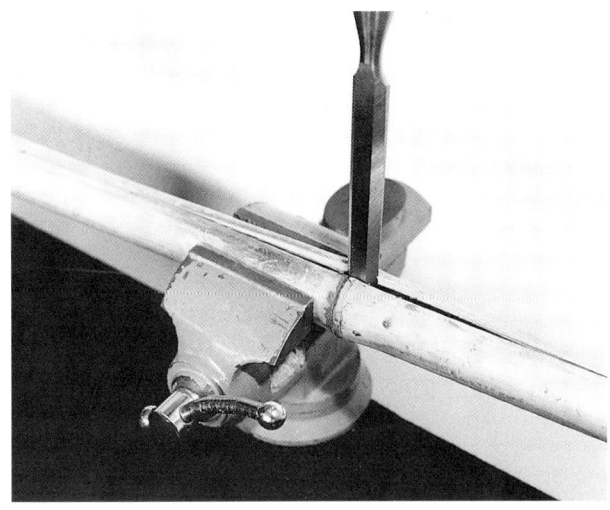

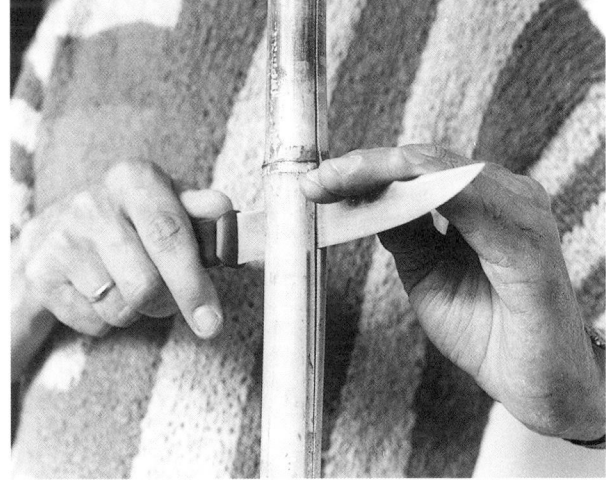

Bespannungsmaterial

Spinnakernylon

Spinnakernylon ist für den Drachenbauer das Ei des Kolumbus. Ursprünglich für den Segelsport entwickelt, eroberte Spinnakernylon sehr schnell die Herzen der engagierten Drachenbauer. Kein Wunder, denn es ist praktisch unverwüstlich und wird in vielen Farben angeboten. Spinnakernylon gibt es in verschiedenen Gewichten. 30 bis 50 g/m^2 ist für unsere Zwecke am besten geeignet. Die Bauanleitungen in diesem Buch sind vorrangig auf die Verwendung von Spinnakernylon ausgelegt. Das Haar in der Spinnakersuppe ist die Nähmaschine, mit der Sie sich anfreunden sollten, denn dauerhafte Klebeverbindungen sind bei diesem Material nicht möglich. Aber keine Angst, eine Schneiderlehre ist nicht erforderlich. Die nötigen Handgriffe werden Sie mit ein wenig Geduld und den Tips in diesem Buch sicherlich meistern.

Tyvek®

Tyvek ist ein vliesartiges Gewebe aus Polyethylenfäden. Es ist reißfest und läßt sich sowohl kleben als auch nähen. Tyvek wird als Rollenware geliefert, die im Normalfall 140 cm breit liegt. Tyvek wird nur in Reinweiß angeboten. Für farbige Drachen muß man zu Pinsel und Farbtopf oder Filzstiften greifen. Deka-Lack ist dazu am besten geeignet, weil er getrocknet elastisch bleibt. Die sich dadurch ergebenden Gestaltungsmöglichkeiten sind natürlich vorteilhaft.
Tyvek klebt man am besten mit UHU kraftkleber oder UHU allplast.

Baumwoll-, Leinen- und Synthetikgewebe

Diese Gewebe lassen sich zwar im Drachenbau einsetzen, haben aber nachteilige Eigen-

Noch bis vor etwa 15 Jahren erhoben sich die hierzulande selbstgebauten Drachen fast ausschließlich mit papiernen Schwingen in die Lüfte. Das gerne als „Drachenpapier" bezeichnete Pergaminpapier war das bevorzugte Bespannungsmaterial der meisten Drachenbauer. Es war preiswert und stand in vielen Farben zur Verfügung. Auch heute gibt es noch Pergaminpapier. Es sind sogar ein paar Farben hinzugekommen. Auch der Preis ist recht moderat geblieben. Trotzdem spielt Pergaminpapier im modernen Drachenbau nur noch eine untergeordnete Rolle. Pergaminpapier ist nämlich schon in trockenem Zustand eine ziemlich empfindliche Angelegenheit und reißt sehr leicht ein. Wird es durch Regen feucht, reagiert es gegen jegliche Berührung mimosenhaft, so daß Beschädigungen so gut wie unvermeidbar sind. Dieses schnöde Verhalten des Pergamins hat den Erfindungsgeist der Industrie nicht ruhen lassen, und so stehen uns heute weitaus geeignetere Materialien zur Verfügung.

schaften. Zum einen sind sie mehr oder weniger stark winddurchlässig, was sie relativ schwerer macht. Zum anderen nehmen sie Luftfeuchtigkeit auf, was ihr Gewicht noch erhöht. Außerdem sind natürliche Gewebe nicht verrottungsfest und sollten nur trocken gelagert werden.

Seide

In China, der Geburtsstätte des Drachens, werden Drachen seit altersher aus Seide gefertigt. Moderne Hochleistungsdrachen wird man jedoch schon aus Preisgründen nur selten aus Seide herstellen können. Da Seide auch ziemlich elastisch ist, sind wesentliche konstruktive Änderungen, die den Rahmen dieses Buches sprengen würden, unvermeidlich. Lediglich der Schwanz des Schlangendrachen auf Seite 25 läßt sich ohne großen Aufwand aus Seide herstellen.

Kunststoffolien

Ob Polyethylen (Müllsäcke und Einkaufstaschen) oder PVC-Folie, beide Vertreter dieser Familie eignen sich nur für die „Schotten" unter den Drachenbauern. Zwar ist das Material spottbillig, läßt sich mit Klebefilm bzw. Spezialklebern aus der Tube auch verarbeiten, aber diese Kunststoffolien haben die unangenehme Eigenschaft, sich zu dehnen. Selbst ein mit der Präzision eines Schweizer Uhrwerks zugeschnittenes Segel wird unter der Kraft des Windes seine Form und der Drachen seine guten Flugeigenschaften verlieren.

Wenn Sie kein Dacron® bekommen können, läßt es sich durch doppelt bis dreifach gelegtes Spinnakernylon ersetzen. Auch Leder ist eine gute Alternative.

Dacron®

Streng genommen ist Dacron kein Bespannungsmaterial an sich. Dieses kräftige (145 g/m^2) Polyestergewebe läßt sich jedoch hervorragend für Segelverstärkungen, Taschen und Fächer verwenden.

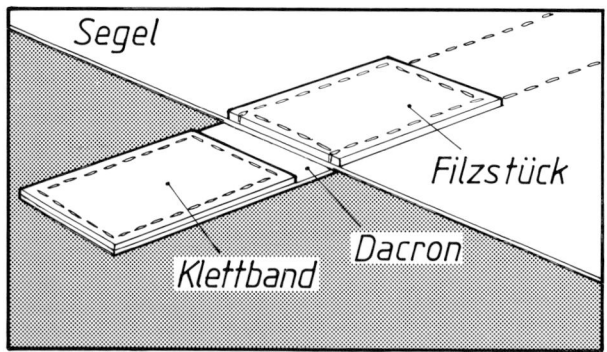

Segel

Filzstück

Dacron

Klettband

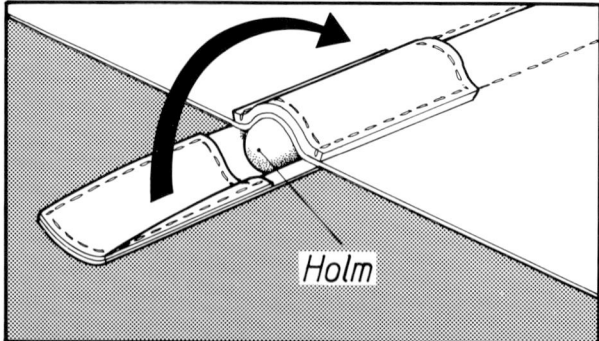

Holm

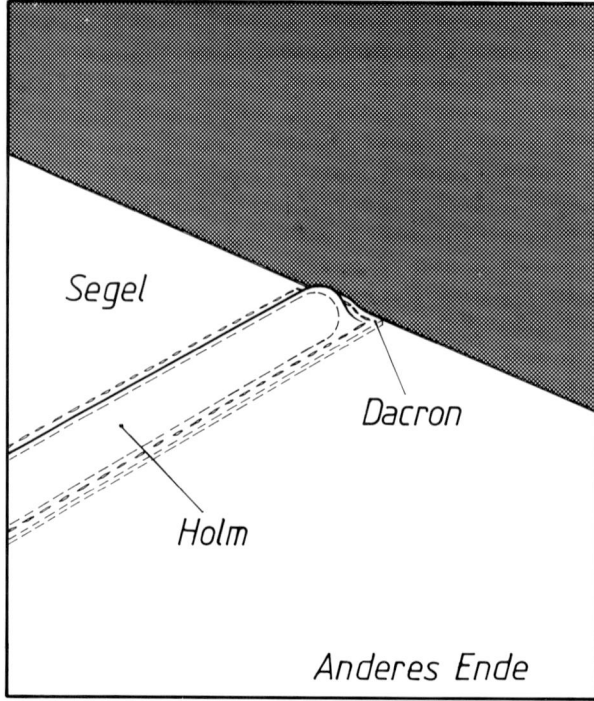

Segel

Dacron

Holm

Anderes Ende

Fachverschlüsse mit Pfiff und Klettband

Bei vielen Drachenmodellen sind Holme völlig in Fächer eingeschlossen. Selbstverständlich kann man diese Fächer einfach zunähen. Ein sicherer und haltbarer Verschluß, jedoch mit einem großen Nachteil. Wenn das Malheur des Holmbruchs passiert ist, muß man das Fach auftrennen, um den Holm auszuwechseln. Statten Sie daher ein Ende des Faches mit einem Klettbandverschluß aus, der einfach zu öffnen und zu schließen ist. Ein Holmbruch bedeutet dann nicht das plötzliche Ende eines schönen Flugtages, weil sich ein Reserveholm problemlos und schnell einsetzen läßt.

Der mit kleinen Zähnchen bestückte Teil des Klettbandes wird in der Regel auf den Fachstreifen, das Gegenstück aus Filz auf das Segel aufgenäht.

Schnurspulen

Viele Drachenläden bieten eine ganze Reihe von maschinell gefertigten, preiswerten Schnurspulen an. Hinten rechts eine aufwendigere, in Handarbeit entstandene Rolle, vorne ein Bodenanker. Die Handschuhe im Vordergrund sind kein Modegag, sondern wirksamer Schutz gegen Verletzungen durch moderne Hochleistungsschnüre.

Eine einfache, aber wirksame Schnurhaspel läßt sich aus ein paar Holzresten herstellen. Solche Haspeln müssen kräftig gebaut werden. Nicht etwa, um den Zugkräften des Drachens zu widerstehen. Eine unter Zug aufgewickelte Leine kann, wenn sie auch nur geringfügig dehnbar ist, einen enormen Druck auf den Haspelkern ausüben.

Wichtige Knoten

Ungeeignete Knoten können die Bruchlast von Schnüren erheblich reduzieren. 1) So verbinden Sie zwei Schnüre gleichen, 2) so unterschiedlichen Durchmessers. 3) Buchtknoten mit halbem Schlag zur Befestigung des Waagerings. 4) Palstek zur Befestigung von Schnüren am Holm oder zur Bildung einer sicheren Schlaufe.

Tip: Schnurenden drillen nicht auf, wenn man sie über einer Feuerzeugflamme zusammenschmilzt.

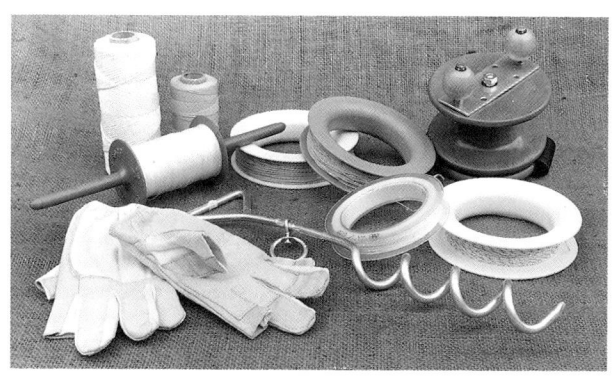

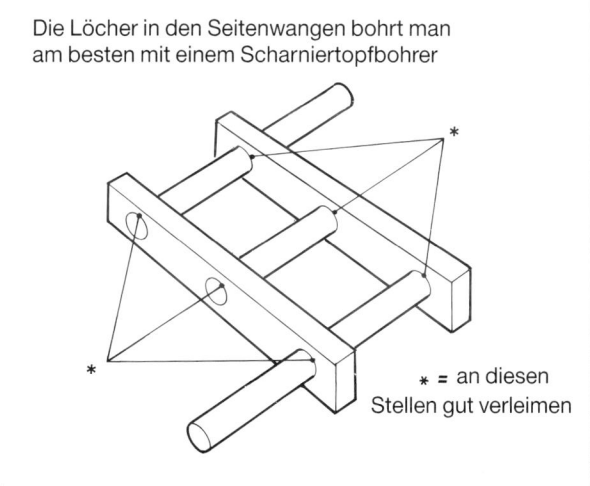

Die Löcher in den Seitenwangen bohrt man am besten mit einem Scharniertopfbohrer

* = an diesen Stellen gut verleimen

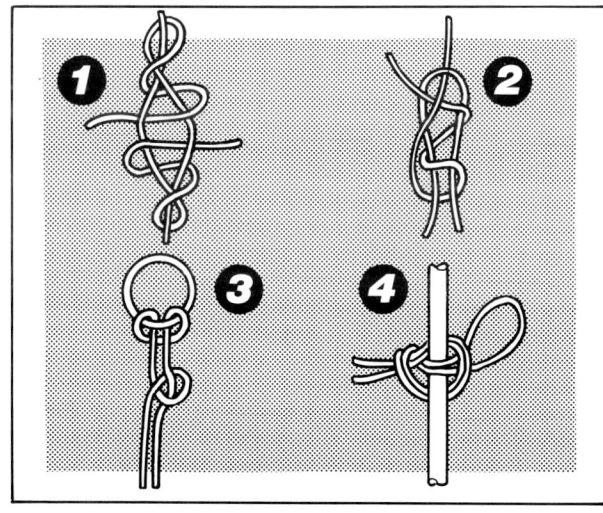

Größere Segel: kein Problem

Bei einigen Bauanleitungen in diesem Buch sind die fertigen Segel größer dimensioniert, als handelsübliches Spinnakernylon mit einer Breite von 92 bis 102 cm bzw. 154 cm. Sie werden also nicht umhin kommen, Spinnakerbahnen zusammenzufügen. Übrigens ist dies eine Möglichkeit, ein besonders hübsches Segel aus mehreren verschiedenfarbigen Flächen zusammenzusetzen. Natürlich sollen die Übergänge zwischen den einzelnen Stoffteilen schön sauber und schmal ausfallen, mit einem hübschen Saum, wenigstens auf der Vorderseite des Segels.

Wenn Sie Stecknadeln vergessen und Ihre Haarfarbe, wie auf Seite 5 gesagt, behalten wollen, gehen Sie am besten so vor:

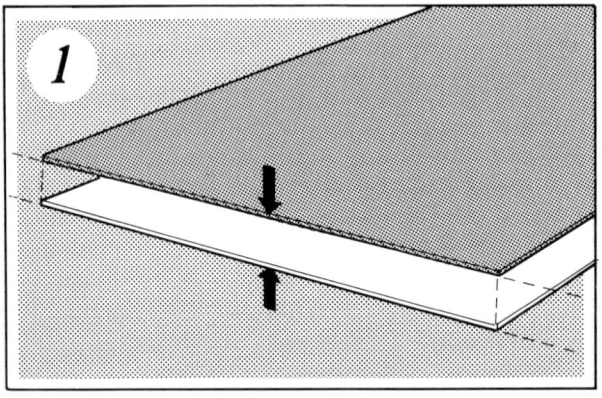

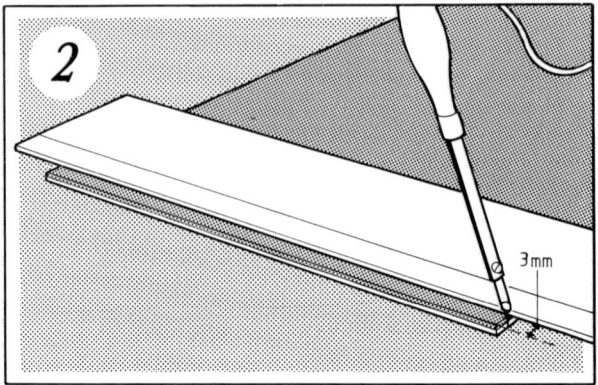

„Patchworktechnik"

1. Legen Sie die beiden zu verbindenden Teile so übereinander, daß die Seiten, die eine Naht bekommen sollen, haarscharf deckungsgleich liegen.

2. Schneiden Sie dann mit dem Lötkolben auf dieser Seite ca. 3 mm durch beide Bahnen hindurch ab. Ein langes AL-Lineal leistet dabei sehr gute Dienste. Nach diesem Schnitt werden Sie merken, daß die beiden Bahnen bereits verbunden, besser gesagt, durch die Hitze des Lötkolbens miteinander verschmolzen sind. Das kann natürlich noch nicht die Naht ersetzen, aber diese Schmelzkante ist eine prima Heftung.

3. Nähen Sie parallel zur Schmelzkante im Abstand von ca. 5 mm durch beide Lagen Spinnaker hindurch. Die Naht sieht mit der hochstehenden abgenähten Kante jedoch nicht besonders schön aus.

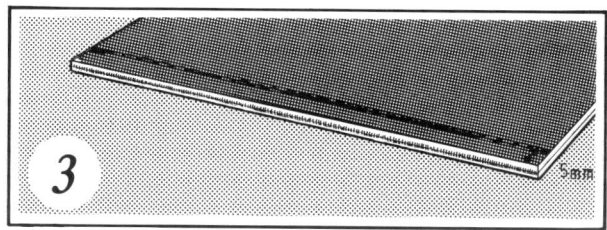

4. Darum breiten Sie das Segel auseinandergefaltet glatt aus, legen die obenliegende, hochstehende Kante auf eine Seite um, und nähen sie mit einer zweiten Naht, ca. 3 mm parallel zur ersten, fest. Diese Naht läuft also durch drei Lagen Stoff, nämlich zwei Lagen der hochstehenden Kante und eine Lage Segel, auf die Sie die Kante umgelegt haben. Nun haben Sie zwei sauber verbundene Stoffbahnen. Auf einer Seite sieht man sogar nur eine Naht. Klar, daß dies die spätere Schokoladenseite Ihres Drachens sein wird.

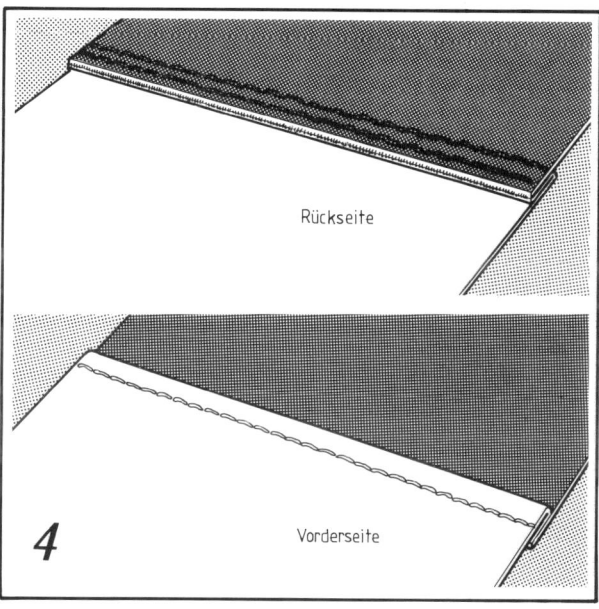

Spinnakernylon ist, wenn auch nur geringfügig, elastisch, parallel zu den eingewebten Armierungsfäden ist die Elastizität am geringsten. Tragen Sie diesen Eigenschaften beim Zuschnitt nach Möglichkeit Rechnung. Wo zwei Stoffbahnen zusammenstoßen, sollten sich die Armierungsfäden immer parallel über die Naht fortsetzen. So vermeiden sie ein Segel, welches aus zwei Teilen mit unterschiedlicher Elastizität besteht.

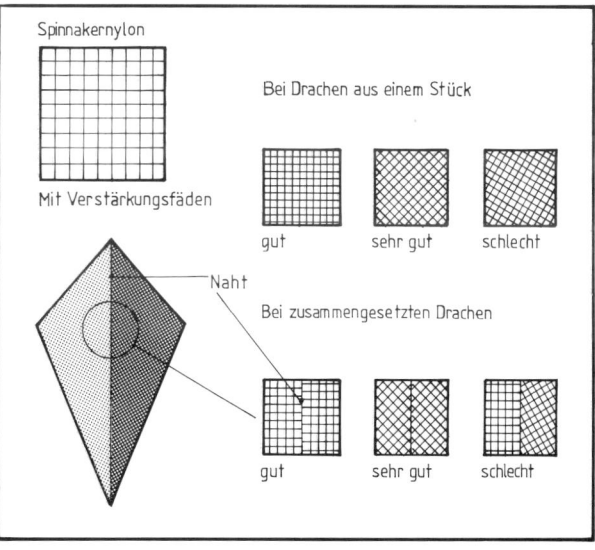

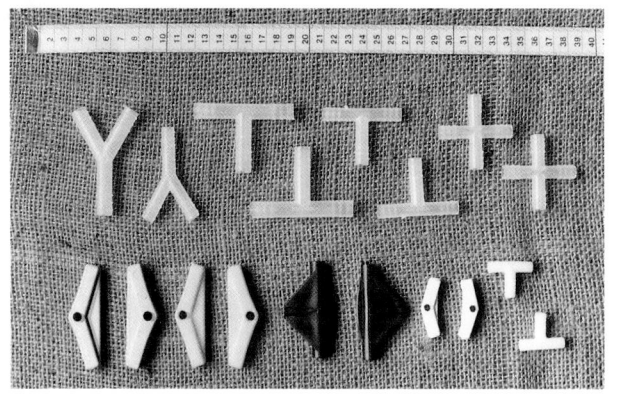

Rahmenverbinder

Da es ziemlich beschwerlich ist, einen größeren, fertig zusammengebauten Drachen zu transportieren, baut man Drachen zweckmäßigerweise zerlegbar. Die Abbildung zeigt eine Auswahl von Rahmenverbindern, wie sie von vielen Drachenläden angeboten werden.

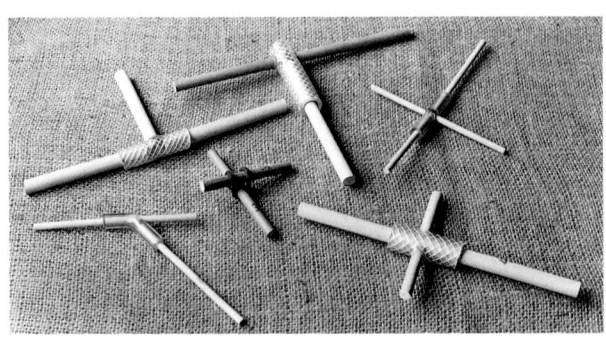

Nicht immer kann man Fertigteile verwenden. Polyethylenschlauch ist eine ausgezeichnete Basis zur Herstellung von eigenen Verbindern. Durch mit einem Lötkolben in eine Wandung eingeschmolzene Löcher lassen sich z.B. Winkelverbinder realisieren. Bei Kreuz- und T-Stücken schiebt man zusätzlich AL-Rohr zur Verstärkung ein. Aus AL-Rohr lassen sich flache Winkel biegen (s. S. 28).

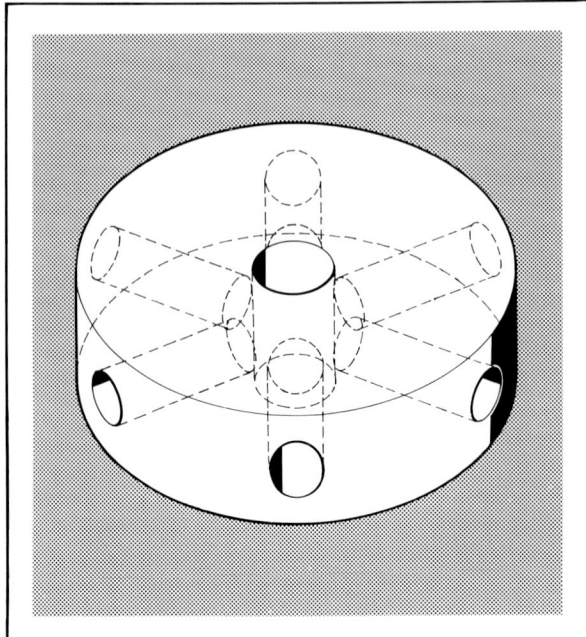

Diese Scheiben eignen sich prima für zentrale Verbinder, wie sie u.a. bei Hexagon-Drachen (s. S. 31) eingesetzt werden. Man stellt sie aus Holz, vorzugsweise aus Buche her. Noch besser eignet sich Ertalon®, ein sehr leichter, zäher Kunststoff, den einige Drachenläden führen. Die Anwendungsmöglichkeiten sind sehr vielfältig. Auch kompliziertere und hochbelastbare Verbinder lassen sich realisieren, Ertalon kann man so einfach wie Holz verarbeiten.

Ösenwerkzeug

Ein simples und preiswertes Werkzeug zum Einschlagen von Ösen erhält man im Kurzwarenhandel. Schnurspanner und AL-Ringe sind nützliche Kleinigkeiten, um Rahmen und Bespannung zu verbinden. Die gleichen Ringe setzt man auch bei Waageschnüren ein. Die Flugleine wird einfach mit einem Karabinerhaken eingeklinkt.

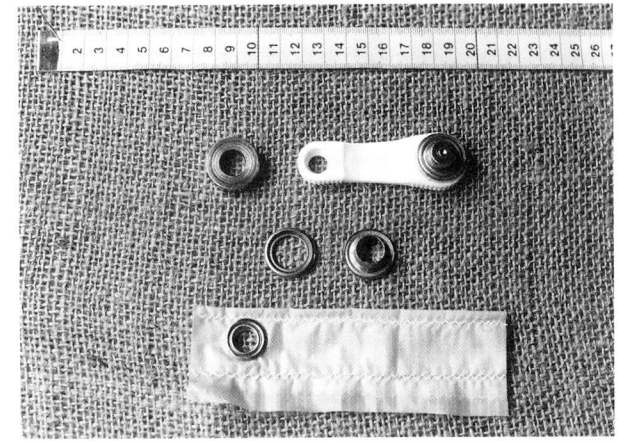

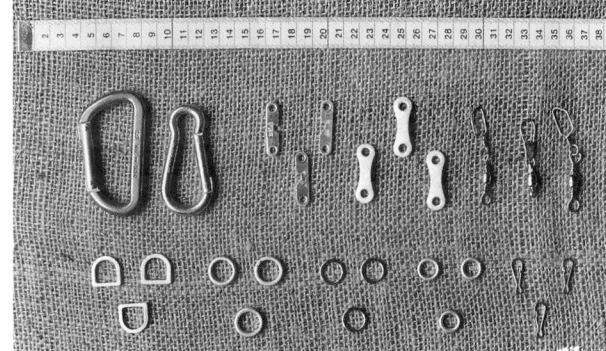

Taschen

Taschen sind sehr effektiv, wenn Leistenenden und Segel verbunden werden sollen. Segel an diesen Stellen immer verstärken. Als Material für Verstärkung und Tasche, kommen Dacron® und weicheres Leder in Frage. Lederreste gibt es beutelweise sehr preiswert in Handarbeitsgeschäften und Kaufhäusern.

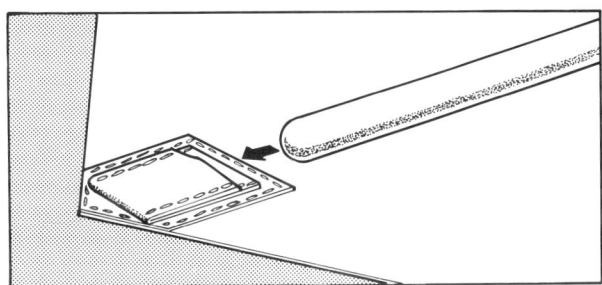

Schlaufe

Eine Alternative zur Tasche bieten auf das Segel genähte Schlaufen, deren Enden durch Bohrungen an den Holmspitzen geführt werden. Auch bei dieser Lösung muß das Segel verstärkt werden.

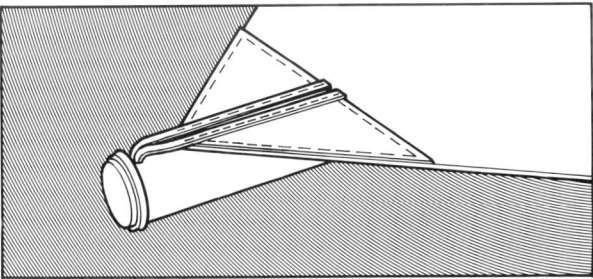

Größen und Proportionen im Drachenbau

Im Grunde genommen spielt es keine Rolle, wie groß oder wie klein Sie Ihren Drachen bauen. Sei es ein 7,4 x 6,6 mm „großer" asiatischer Kampfdrachen, den der Amerikaner Ron Schroder 1984 auf einem Kleindrachenwettbewerb vorstellte, oder ein 8,5 x 7,5 m großer Kastendrachen, den der Autor im Frühjahr des gleichen Jahres baute. Irgendwann werden Sie jedoch an die Grenzen des Machbaren stoßen. Ich empfehle Ihnen, lieber etwas größer als kleiner zu bauen, denn ein etwas größerer Drachen verzeiht eher kleinere Ungenauigkeiten, was folgendes Beispiel verdeutlicht. Bei einer erlaubten Toleranz von z.B. 0,4% müssen Sie bei einem Eddy mit einer Spannweite von 80 cm auf 3,2 mm genau bauen. Ein Eddy mit 160 cm Spannweite erlaubt dagegen Ungenauigkeiten bis zu 6,4 mm. Das soll Sie natürlich nicht davon abhalten, jeden Drachen, egal wie groß oder klein, mit größter Sorgfalt und Genauigkeit zu bauen. Er wird es Ihnen mit leistungsfähigen Flugeigenschaften danken. Denken Sie bei allen Größenveränderungen stets an das Gewicht Ihres Drachens. Physikern werden zwar die Haare zu Berge stehen, wenn ich hier eine alte Faustregel vorstelle, aber Drachenbauern ist sie immer eine hilfreiche Richtschnur gewesen. Ermitteln Sie die totale Segelfläche Ihres Drachen in qm, wobei Sie den Teil Segelfläche, der quer zum Wind steht mit Faktor 1,0 und die anderen Segelflächen mit Faktor 0,7 multiplizieren. Dieser Wert, dividiert durch das Gewicht des Drachens in kg, sollte für Leichtwind-Drachen 0,10 – 0,20, für Mittelwind-Drachen 0,25 – 0,35 und für Starkwind-Drachen 0,40 – 0,60 betragen.
Bei jedem einzelnen Drachen ist angegeben, für welche Windverhältnisse er konzipiert wurde.

Wenn Sie die in diesem Buch vorgestellten Modelle in anderen Größen bauen möchten, verändern Sie das Rastermaß der Skizzen entsprechend Ihren Wünschen. Behalten Sie jedoch, zumindest zu Beginn Ihrer Drachenbauerlaufbahn, die Proportionen gemäß den Skizzen bei. Das Verhältnis von Höhe zu Breite eines Drachens hat nämlich entscheidenden Einfluß auf die Flugeigenschaften. Je höher Sie den Drachen im Verhältnis zur Breite bauen, desto besser wird zwar seine Flugstabilität, desto schlechter werden aber seine Auftriebseigenschaften. Umgekehrt gilt: je breiter der Drachen im Verhältnis zur Höhe gebaut wird, desto besser werden seine Auftriebseigenschaften, bei abnehmender Flugstabilität. Die in diesem Buch vorgestellten Proportionen haben sich als sinnvoller Kompromiß erwiesen.

Orientierungshilfe
Zum besseren Verständnis der Bauanleitungen ist es unbedingt erforderlich, daß Sie sich vor Arbeitsbeginn die jeweilige Anleitung im Zusammenhang mit den Skizzen ganz durchlesen. Zur Verdeutlichung ist nebenstehend die Terminologie des Drachens und seiner Bestandteile aufgeführt. Während bislang in der Drachenliteratur unterschiedslos fast alles, was aus Stoff ist und Holme aufnimmt, als Tasche be-

zeichnet wurde, unterscheide ich zwischen Tasche, Fach und Tunnel. Es geht mir dabei nicht um die Einführung neuer Begriffe, sondern um eine klare Abgrenzung zwischen den unterschiedlichen Komponenten. Eine Tasche ist immer auf einer Seite offen, ein Tunnel auf beiden Seiten, während ein Fach den Holm von allen Seiten einschließt. In den Bauanleitungen und Skizzen sind Begriffe wie vorn, hinten, oben, unten stets gemäß des nebenstehenden Beispiels zu verstehen. Oftmals zeigen die Skizzen den Drachen von hinten, um wichtige Details, wie Rahmen, Fächer und Taschen, verdeutlichen zu können. Wenn jedoch in den Bauanleitungen die Ortsbegriffe links und rechts verwendet werden, so sind diese von vorn auf den Drachen gesehen zu verstehen.

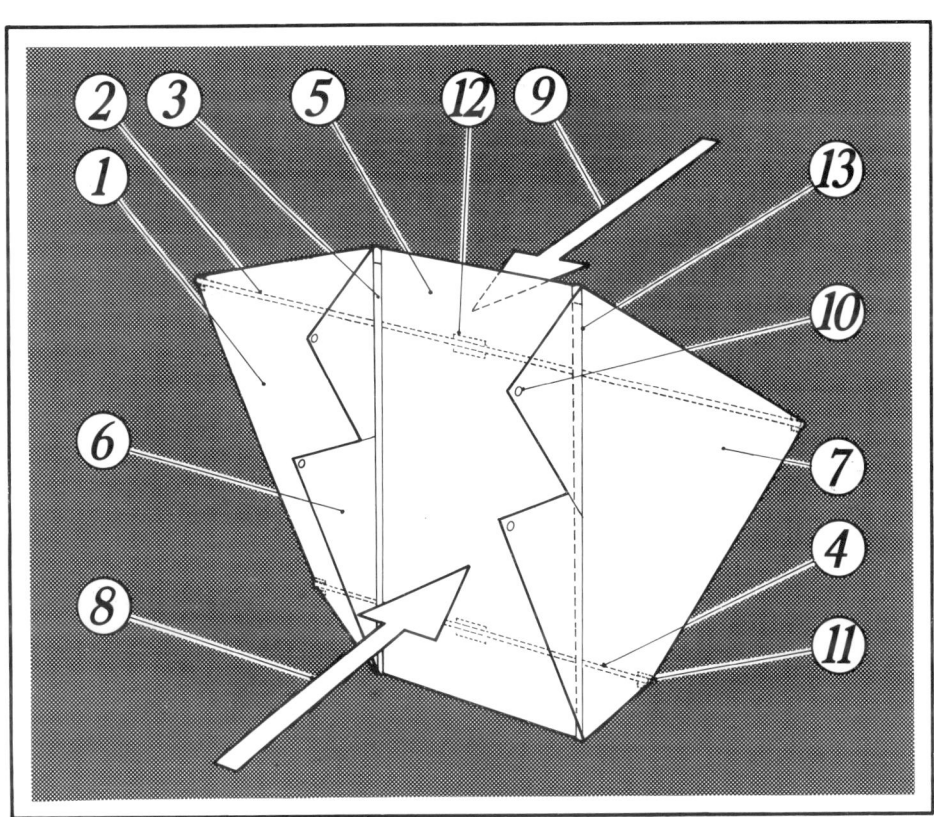

Terminologie

1 = linker Flügel
2 = oberer Querholm
3 = Fach

4 = unterer Querholm
5 = Mittelsegel
6 = Flosse oder Kiel
7 = rechter Flügel
8 = vorn

9 = hinten
10 = Öse
11 = Tasche
12 = Tunnel
13 = Längsholm

Der Schlitten

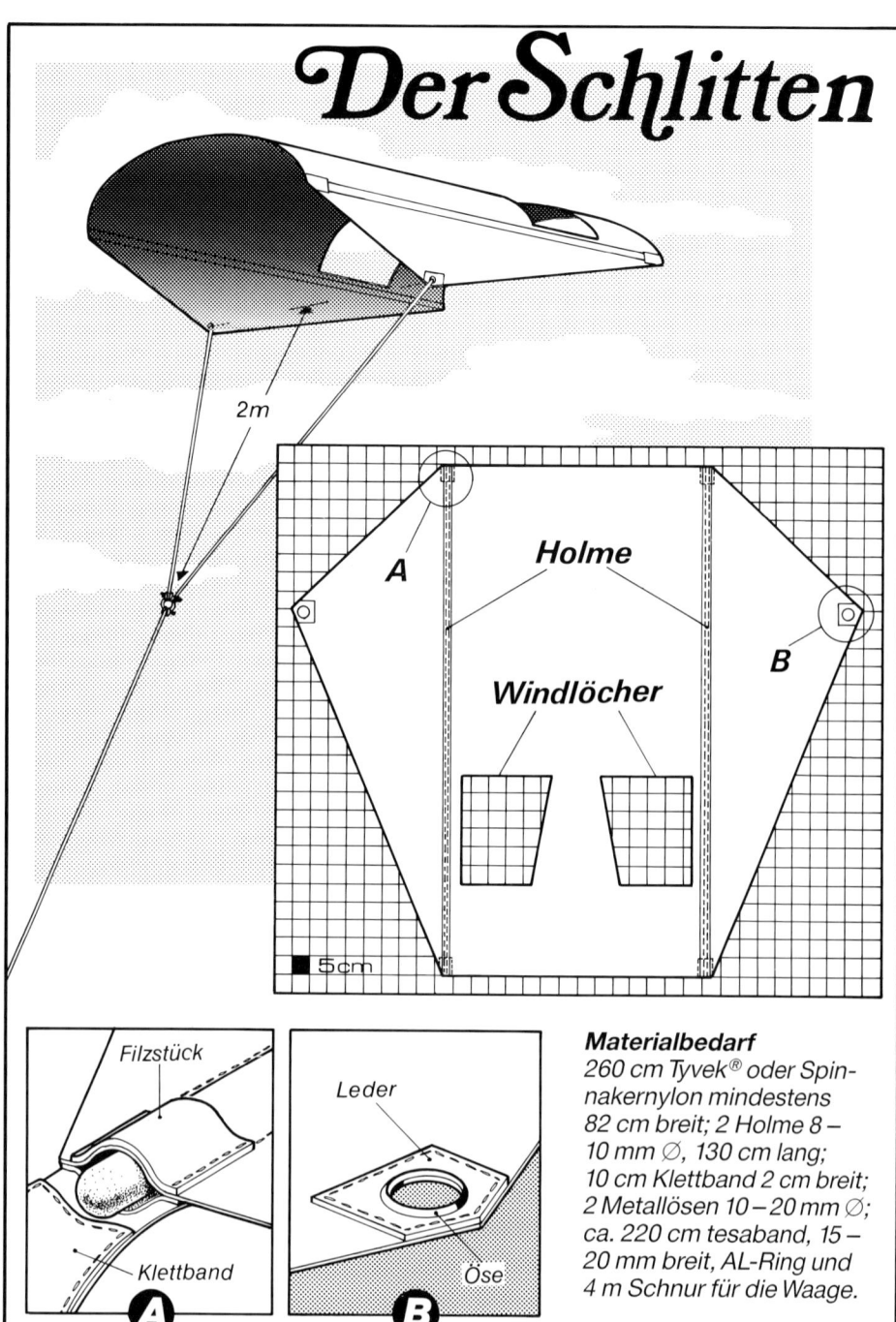

2m

A

Holme

B

Windlöcher

■ 5cm

Filzstück

Klettband

A

Leder

Öse

B

Materialbedarf
260 cm Tyvek® oder Spin-
nakernylon mindestens
82 cm breit; 2 Holme 8 –
10 mm ⌀, 130 cm lang;
10 cm Klettband 2 cm breit;
2 Metallösen 10 – 20 mm ⌀;
ca. 220 cm tesaband, 15 –
20 mm breit, AL-Ring und
4 m Schnur für die Waage.

Flachdrachen

Der Schlitten (Wind: mittel bis kräftig)

Schneiden Sie zunächst das Segel zu. Wenn Sie keine Schablone verwenden möchten, geht es am besten, wenn Sie zuerst den Mittelteil des Drachens als Rechteck und dann die Seitenteile skizzieren[1]. Die Kanten der Windlöcher verstärken Sie mit (farbigem) tesaband. Die Flügelspitzen, in die die Waage eingeknotet wird, erhalten kleine Verstärkungsstückchen aus Leder oder Dacron (B), in die Metallösen eingeschlagen werden[2]. Man kann die beiden Vertikalholme schlicht mit tesaband auf die Bespannung aufkleben. Eine sehr einfache und auch oft angewendete Lösung. Ich möchte Ihnen aber ein eleganteres und haltbareres Verfahren vorschlagen: Statten Sie Ihren Schlitten professionell mit Fächern und Klettbandverschlüssen an der Drachenoberseite aus. Stellen Sie sich dazu zwei Stoffstreifen 150 x 2 cm her. Nähen Sie auf ein Ende jedes Streifens ein Stück Klettband 5 x 2 cm. Die Gegenstücke des Klettbandes, kleine Filzabschnitte in gleicher Größe, werden auf die Rückseite des Drachens an die obere Kante genäht (s. Skizze A). Legen Sie die Streifen auf die Vorderseite des Drachens. Das Klettbandende steht so auf der Oberseite über, daß es umgeknickt auf die Filzstückchen der Drachenrückseite gedrückt werden kann. Auch auf der Drachenunterseite stehen die Streifen 5 cm über. Nähen Sie die Streifen auf[3]. Die Nähte müssen ca. 5 mm parallel zur Streifenkante verlaufen. Die überstehenden Streifenenden an der Unterseite des Drachens werden einfach auf die Drachenrückseite umgelegt und vernäht. Jetzt nur noch die Holme einsetzen und Fächer am Klettbandverschluß schließen, Waage[4] einknoten, und fertig ist der Schlitten.

Man nennt ihn auch Scott-Allison-Schlitten nach seinen Vätern William Allison, der die Grundform etwa 1950 ersann, und Frank Scott, der Mitte der Sechziger Jahre die geschlossene Urform mit den typischen Luftlöchern versah und so Drachenfreunden in aller Welt einen Drachen bescherte, der nicht nur problemlos zu bauen ist und einen minimalen Materialaufwand erfordert, sondern auch ganz ausgezeichnet fliegt. Mit einem Wort, der Schlittendrachen ist *der* Drachen für Ungeübte.

[1] Nehmen Sie ein AL-Lineal zur Hilfe.

[2] Die Verstärkungsstücke sind wichtig. Ohne sie ist das Segel zu dünn, und die Öse findet keinen dauerhaften Halt!

[3] Zum Fixieren des Streifens Stecknadeln oder noch einfacher Layoutkleber verwenden. Kleber kommt auf den Streifen, nicht auf das Segel!

[4] Jeder Waageschenkel sollte mindestens 2 m lang sein. In der Mitte der Waage einen AL-Ring mit Buchtknoten (s. S. 13) einbinden.

die Schlange

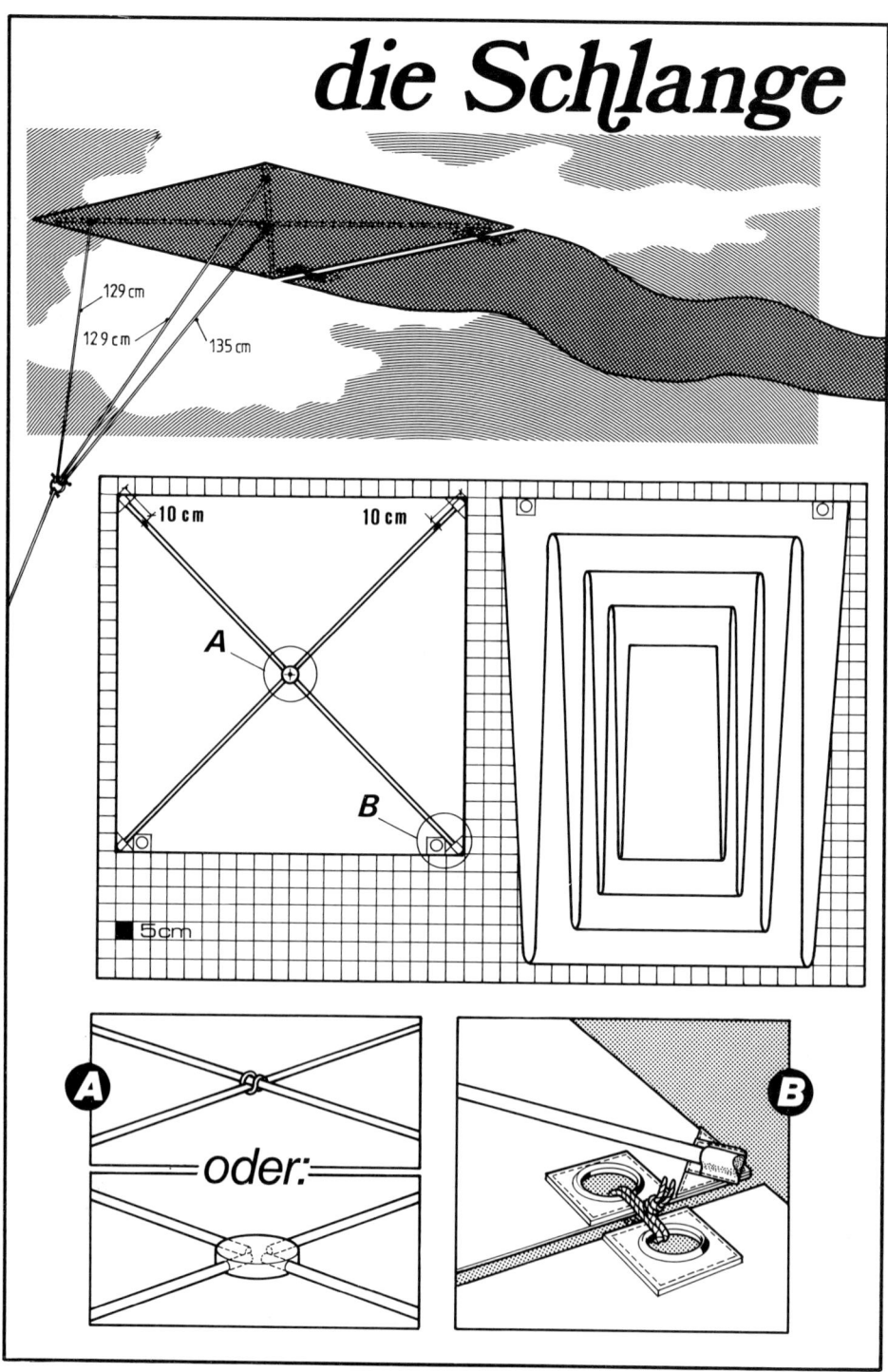

129 cm

12.9 cm   135 cm

10 cm   10 cm

A

B

■ 5cm

A   oder: B

Die Schlange (Wind: sanft bis mittel)

Schneiden Sie ein quadratisches Segelstück mit 100 cm Kantenlänge zu. Vier Taschen herstellen und so auf die Ecken der Rückseite des Segels nähen, daß die Rahmenholme genau diagonal eingesetzt werden können (s. Skizze). Die Rahmenholme benötigen einen Kreuzverbinder, der in seiner einfachsten Version aus einem dicken O-Ring (Dichtung vom Installateur) bestehen kann (s. Seite 16). Die elegantere Version ist jedoch eine gebohrte Scheibe, sinngemäß der, wie sie in der Beschreibung des Hexagondrachen auf Seite 31 beschrieben wird. Je nach verwendetem Verbinder schneiden Sie zwei bzw. vier Holme zu. Wenden Sie sich nun dem Schwanz zu, der mindestens siebenmal so lang sein sollte wie der Drachen selber, in diesem Fall also 7 m. Besser und eindrucksvoller sind 10 m. Bei solchen Längen hat der Schwanz natürlich seinen Preis, besonders, wenn Sie ihn aus Spinnaker herstellen. Wenngleich Spinnaker die elegantere Version ist, so bildet Tyvek eine brauchbare Alternative. Sie können den Schwanz direkt an die untere Kante des Drachens annähen. Machbar ist auch eine lösbare Verbindung, die Sie mit zwei Metallösen erreichen, die in die äußeren unteren Ecken des Drachens und die äußeren oberen Ecken des Schwanzes eingeschlagen werden. Segel und Schwanz müssen Sie dann an den Ösenpositionen mit Dacron oder Leder verstärken, Schwanz und Drachen mit einem Stück Schnur verbinden (s. Skizze). So können Sie den Schwanz, wenn Sie mögen, bequem austauschen. Machen Sie gleich einen weiteren in einer anderen Farbe!

Die Waage dieser Schlange ist dreischenklig. Die beiden oberen Schenkel sind jeweils 129 cm, der untere 135 cm lang. Die Befestigung der Waageschnüre erfolgt sinngemäß wie

Schlangendrachen haben ihren Ursprung in Thailand, wo sie traditionell aus kunstvoll bemalter Seide und einem Gerüst aus Bambus gefertigt werden. Den längsten Schlangendrachen aus Stoff, den der Autor fliegen sah, erhob sich 1983 auf dem Wolkenstürmer-Flugtag in Hamburg in die Lüfte. Der Schwanz mißt 478(!) Meter. Eine Gruppe von holländischen Drachenfreunden hat sich vorgenommen, ein 2000 m langes Ungetüm in die Luft zu bringen. Bei Drucklegung dieses Buches stand ein erfolgreicher Start allerdings noch aus.

Materialbedarf
102 cm Spinnakernylon mindestens 100 cm breit; 2 Holme 8–10 mm ⌀, 141,5 cm lang oder 4 Holme 8–10 mm ⌀, 70,5 cm lang; Gummi O-Ring oder Holzscheibe ca. 70 mm ⌀; 12 mm stark; Dacron- oder Lederreste; 2 Metallösen; AL-Ring und Schnur für Waage; für den Schwanz 7–10 m Tyvek, Spinnakernylon oder Seide, beginnend mit 1 m Breite, sich fortlaufend verjüngend (s. Skizze).

beim Hexagon (s. Seite 31). Wenn Sie die Kreuzverbindung (s. auch Seite 16!) mit einem O-Ring realisiert haben, knoten Sie den unteren Waageschenkel um das Holmkreuz. Schlangendrachen lassen Ihrer Phantasie viel Spielraum. Mit Deka-Lack lassen sich auf Tyvekschwänzen tolle Effekte erzielen. Wenn Sie den Schwanz aus Spinnaker nähen, probieren Sie einmal, das Regenbogenspektrum nachzuahmen: von oben nach unten jeweils 1 m dunkelrot, hellrot, orange, dunkelgelb, hellgelb, hellgrün, dunkelgrün, hellblau, dunkelblau, lila. Wenden Sie dabei die Patchworktechnik an, wie sie auf Seite 14 beschrieben ist.

Probieren Sie, einen Schwanz aus Seide herzustellen. Seide wiegt sich unvergleichlich elegant im Wind. Verzieren Sie den Schwanz mit Seidenmalerei. In der Brunnen-Reihe sowie in der Reihe Hobby+Werken finden Sie vielfache Literatur zum Erlernen dieser Techniken.

Sehr lange Schwänze neigen während des Fluges zum Verdrehen. Dies läßt sich vermeiden, wenn man auf der Rückseite des Schwanzes mit tesaband dünne gespaltene Bambusstäbchen (ca. 3 mm ⌀) im Abstand von 2 bis 3 m quer befestigt. Achten Sie jedoch auf das Gewicht! Die Schlange soll leicht bleiben!

Schlangenkopfformen

Experimentieren Sie mit anderen Kopfformen der Schlange. Links finden Sie ein paar Anregungen. Beginnen Sie aber nicht gleich mit runden oder halbrunden Kopfformen, wie die Schlange auf der Abbildung rechts zeigt. Für solche runden Kopfformen müssen Sie nämlich runde Fächer anfertigen, in die sehr flexible und dünne GFK-Stäbe eingeschoben werden. Runde Fächer erfordern jedoch einige Erfahrung an der Nähmaschine.

der Eddy

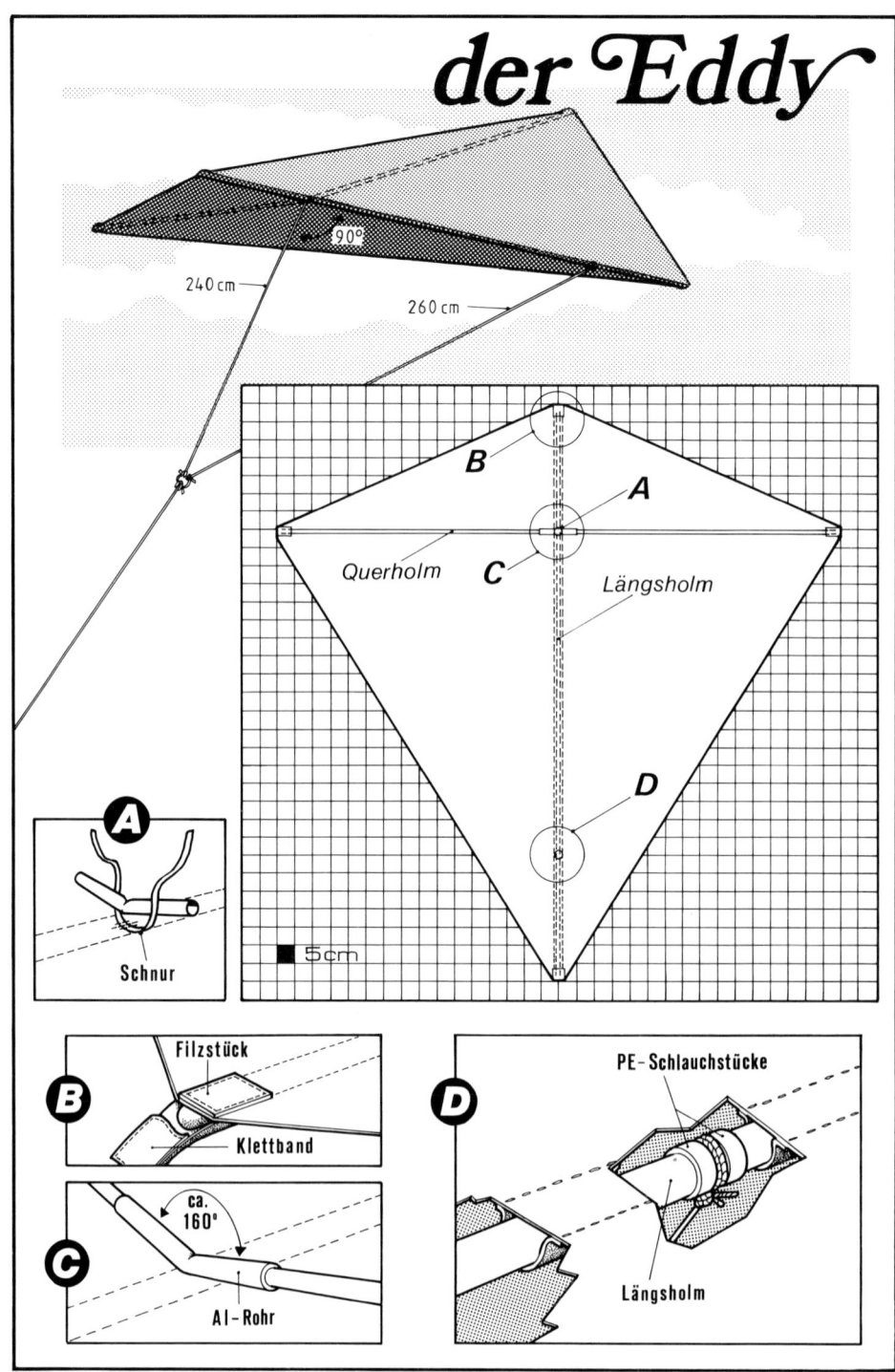

240 cm

260 cm

90°

B

A

C

Querholm

Längsholm

D

A

Schnur

■ 5cm

B

Filzstück

Klettband

C

ca. 160°

Al-Rohr

D

PE-Schlauchstücke

Längsholm

Der Name dieses Drachen geht auf den Amerikaner William A. Eddy zurück, der Ende des 19. Jahrhunderts die gewinkelte Querstrebe als flugstabilisierenden Faktor entwickelte. Nur durch diesen Flächenwinkel ist es überhaupt möglich, daß der Eddy ohne Schwanz stabil fliegt.

Beim Zuschnitt ist eine Schablone sehr nützlich. Notfalls kommen Sie mit einem langen AL-Lineal auch aus.

Materialbedarf
320 cm Spinnakernylon ca. 90 cm breit; 3 Holme 10–12 mm ⌀: 2 à 79 cm, 1 à 160 cm Länge; 2 Metall-ösen 10–20 mm ⌀; 10 cm Klettband 2 cm breit; ca. 15 cm AL-Rohr innerer ⌀ = äußerer ⌀ der Holme; 4 PE-Schlauchstücke 5–7 mm lang, innerer ⌀ = Holm ⌀; 1 Metall-Ring für die Waage; Leder- oder Dacronreste für Taschen und Verstärkungen.

Der Eddy (Wind: mittel)

Stellen Sie zunächst ein ausreichend großes Stück (hier 160 x 160 cm) Segel her. Wenden Sie die „Patchworktechnik" an, wie sie auf den Seiten 14/15 beschrieben wurde. Schneiden Sie dann das Segel gemäß Skizze zu sowie den Streifen 180 cm x 3 cm für das Fach zur Aufnahme des Längsholms. Verstärken Sie die beiden äußeren Ecken des Segels mit Dacron- oder Lederresten, und nähen Sie die beiden Taschen für die Enden der Querholme gemäß Skizze auf. Markieren Sie mit Bleistift den späteren Kreuzungspunkt der beiden Holme. Nähen Sie dann das Stückchen Schnürsenkel, mit dem beim fertigen Drachen der Querholm fixiert wird, auf (s. Skizze). Nun das Segel umdrehen, so daß die Vorderseite oben liegt. Legen Sie den Spinnakerstreifen so auf die Längsachse des Drachens, daß oben und unten jeweils ca. 10 cm Streifen überstehen. Markieren Sie mit kleinen Bleistiftstrichen Drachensegel und Streifen so, daß Sie den Streifen später wieder in genau der gleichen Position auf das Segel legen können. Markieren Sie dann den Streifen selber jeweils 35 cm oberhalb und unterhalb vom Drachenende. Damit haben Sie die Punkte für die Waageanbringung fixiert. Verstärken Sie den Streifen an den Punkten mit Lederstückchen, und schlagen Sie an diesen Punkten die beiden Metallösen in den Streifen ein. Nähen Sie nun den Streifen als Fach auf die Längsachse des Drachens. Wenden Sie dabei die Klettbandtechnik an, wie sie auf Seite 12 beschrieben wurde.

Biegen Sie aus dem AL-Röhrchen ein Winkelstück gemäß Skizze. Das AL-Röhrchen muß in der Mitte schön flach zusammengedrückt werden. Vermeiden Sie aber einen zu scharfen Knick, weil das Röhrchen dann an dieser Stelle brechen würde. Nehmen Sie einen Schraubstock zu Hilfe, aber überfordern Sie ihn nicht. Ohne Hammer und harte Arbeitsunterlage kommen Sie kaum aus! Einige Drachenläden führen auch fertige Verbinder. Sie können jetzt damit beginnen, die Holme einzusetzen. Bevor Sie jedoch den Längsholm in das Fach schieben, sollten Sie die Waageschnüre an ihm befestigen. Es geht zwar auch bei eingeschobenem Holm, ist dann aber eine kniffelige Arbeit. Sichern Sie die Waageschnüre durch kleine PE-Schlauchstücke, die Sie vor und hinter die Knoten auf den Holm schieben und mit UHU Alleskleber festkleben. Die so befestigten Waageschnüre können Sie nach dem Einschieben des Längsholms in die Tasche bequem mit einer Häkelnadel durch die Metallösen durchziehen. Drehen Sie den Drachen, so daß die Rückseite oben liegt. Der Querholm des Eddy besteht aus zwei Rundhölzern, die mit dem AL-Röhrchen verbunden werden. Die Querholmenden werden zuerst in die Taschen auf den Flügelspitzen eingeführt. Erst dann den AL-Winkel drehen und gegen Segel und Längsholm drücken, so daß sich das Segel spannt. Die Verbindung wird mit dem Schnürsenkel durch Knoten gesichert. Der Eddy wird, wenn er exakt gebaut ist, auch in frischem Wind stabil und ohne Schwanz fliegen. Natürlich bleibt es Ihnen unbenommen, Ihren Eddy mit einem Schwanz zu schmücken. Notwendig ist er jedoch nicht.

Grundeinstellung der Waage: Oberer Schenkel 240 cm, unterer Schenkel 260 cm lang. Der obere Schenkel soll einen rechten Winkel mit dem Längsholm bilden. Wie fast jeden Drachen, können Sie auch den Eddy mit der Waage auf unterschiedliche Windgeschwindigkeiten einstellen. Bei stärkerem Wind wird der obere Waageschenkel verkürzt bzw. der untere verlängert. Bei schwächeren Brisen genau umgekehrt: oben verlängern und unten kürzen.

Hierzu noch ein Tip: Wenn Sie die Waage aus einem einzigen 500 cm langen Schnurstück herstellen, müssen Sie zwar die etwas kniffelige Arbeit auf sich nehmen, zumindest ein Schnurende an den Längsholm zu knoten, wenn dieser bereits im Fach eingeschoben ist; Sie haben dann aber den großen Vorteil, die Waage sehr einfach auf unterschiedliche Windstärken einstellen zu können. Knoten Sie den Waagering mit einem Buchtknoten (s. Seite 13), aber ohne halben Schlag, ein. Der Ring kann dann sehr einfach gelöst und auf der Schnur an die richtige Stelle geschoben werden.

der Hexagon

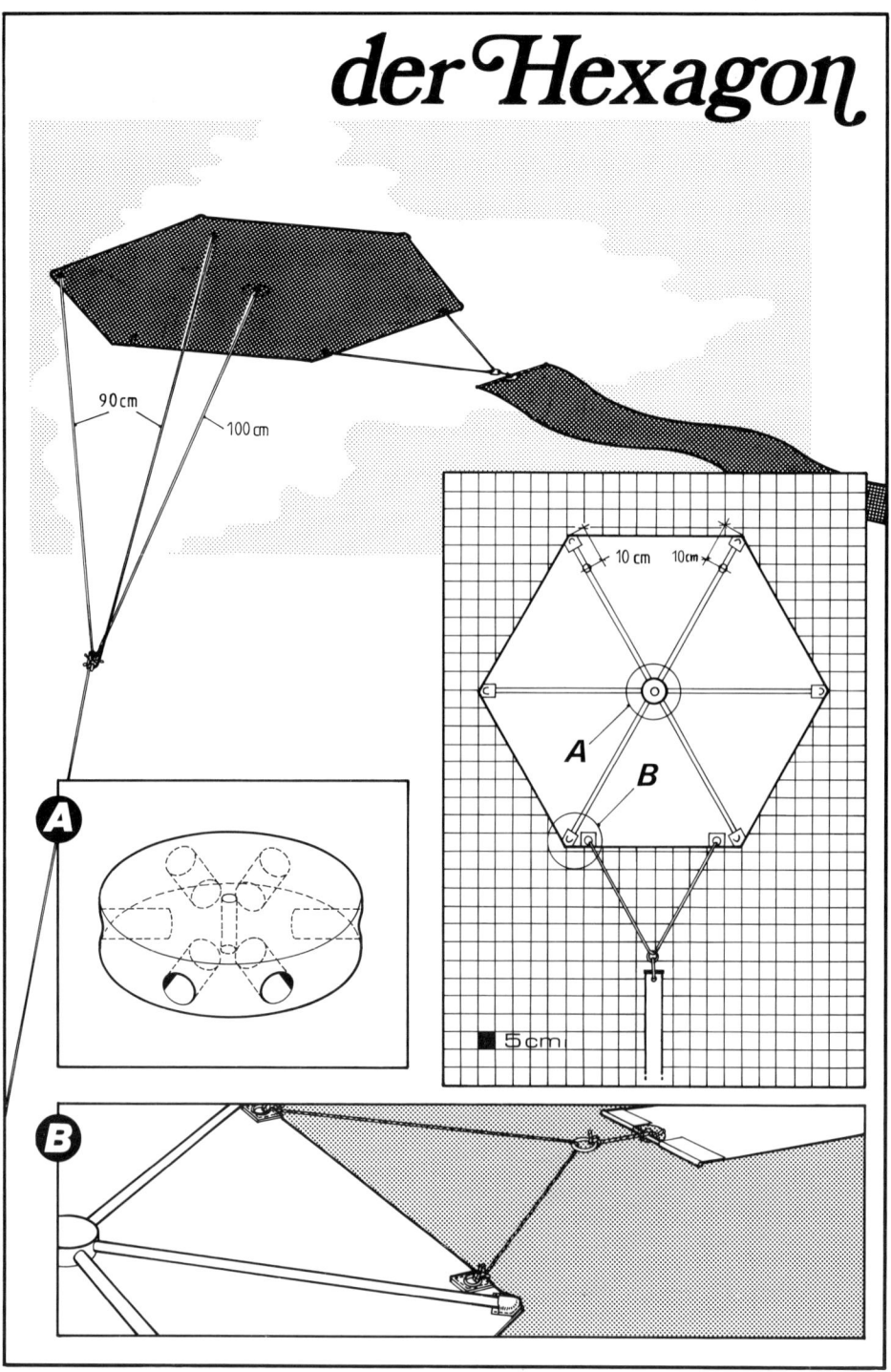

90 cm

100 cm

10 cm   10 cm

A

B

A

B

5cm

Der Hexagon (Wind: leicht bis mittel)

Schneiden Sie zunächst das Segel zu. Wenn Ihnen bei diesem Drachen die Schablonentechnik zu aufwendig erscheint, können Sie sich auch mit einem Zirkel behelfen, den Sie aus einer Leiste oder einem Holmrest, einem Nagel und einem Bleistift herstellen. Zeichnen Sie zunächst einen Kreis von 100 cm Durchmesser auf das Bespannungsmaterial. Markieren Sie eine beliebige Stelle auf der Kreislinie. Setzen Sie dann den Zirkel auf diesen Markierungspunkt, und kennzeichnen Sie die Stelle, an der die Kreislinie ein weiteres Mal geschnitten wird. Fahren Sie weiter so fort, bis Sie die Kreislinie in sechs gleiche Stücke, ähnlich einem Tortenrand, geteilt haben. Verbinden Sie nun die Schnittpunkte der Kreislinie mit einem AL-Lineal und schneiden die so entstandenen Kreissehnen mit dem Lötkolben durch. Damit hätten Sie das Segel zugeschnitten. Nun müssen Sie sechs Taschen herstellen (s. Seite 17) und von hinten auf die sechs Ecken des Drachens aufnähen.

Die herkömmliche Art, den Rahmen für diesen Drachen zu bauen, besteht schlicht darin, drei Leisten kreuzweise übereinanderzulegen, was zwangsläufig dazu führt, daß die Ecken des Drachens in unterschiedlichen Ebenen liegen, und eine schöne, faltenfreie Bespannung kaum zu realisieren ist. Darum verpassen wir unserem Hexagon einen zentral angeordneten Verbinder, in dem sechs Leisten in einer Ebene zusammenlaufen (s. Skizze). Ausgangspunkt für ein solches Verbindungsstück bildet eine Holzscheibe von 6–7 cm ⌀ und 12–15 mm Stärke.

Entweder sägen Sie sich die Scheibe aus einem Holzrest zurecht, oder Sie greifen auf Bestehendes zurück, z. B. Kinderbauklötzchen, entsprechend große Rundholzabschnitte, Stuhlbeine (Sperrmüll!) etc.[1] In die Scheibe werden nun mittig-radial sechs Löcher 8 mm $\emptyset$, 20 mm lang gebohrt. Der Winkel zwischen zwei Bohrungen muß genau 60° betragen. Nehmen Sie ein Blatt Papier und einen Zirkel zu Hilfe. Wichtig bei dieser Arbeit ist, daß die Holme satt und ohne Spiel in die Bohrungen passen[2], eine Bedingung für ein stabiles Drachengerüst. Fertig gebohrte Scheiben gibt es übrigens in einigen Drachenläden zu kaufen. Schneiden Sie die Holme zu. Die genaue Länge hängt davon ab, wie gleichmäßig tief Sie die Löcher in die Scheibe gebohrt haben. Nun den Drachen probeweise zusammensetzen und gegebenenfalls die Holmlängen korrigieren. Die Waage des Hexagon ist dreischenklig. Die beiden oberen Schenkel sind 90 cm lang, sie werden 10 cm von den oberen Ecken entfernt an den Holmen angeknotet. Mit PE-Schlauchstücken und UHU Alleskleber sichern. Der untere Schenkel ist 100 cm lang und wird in der Mitte der Scheibe befestigt. Scheibe anbohren und Augenschraube[3] eindrehen. Die Bespannung sollte an den Stellen, an denen die Waageschnüre durchlaufen, mit Lederstückchen verstärkt werden. Der Hexagon gehört in die Kategorie Flachdrachen und braucht zum stabilen Flug einen Schwanz. Er wird gemäß Skizze angebracht[4]. Die beiden Schnüre, an denen der Schwanz befestigt ist, bilden mit der Unterkante des Drachens ein gleichseitiges Dreieck. Knoten Sie diese Schnüre direkt an die unteren Enden der Holme an. Knoten mit PE-Schlauch sichern. Oder Sie befestigen sie in Ösen, wie die Skizze zeigt.

[2] *Notfalls wickeln Sie eine Lage tesaband um die Holmenden.*

[3] *Zur zusätzlichen Sicherung Gewinde der Augenschraube vor dem Eindrehen in Alleskleber tauchen. Bei größerem Hexagon Scheibe ganz durchbohren und Waageschnur durch die Scheibe hindurch führen. Waageschnur durch ausreichend großen Knoten auf der Rückseite der Scheibe sichern.*

[4] *Sie können auch einen doppelten Schwanz ausprobieren, indem Sie an die beiden unteren Holmenden gleichmäßig lange Bänder oder Schnur mit Schleifen (mindestens 7 m lang!) anbringen.*

der Delta

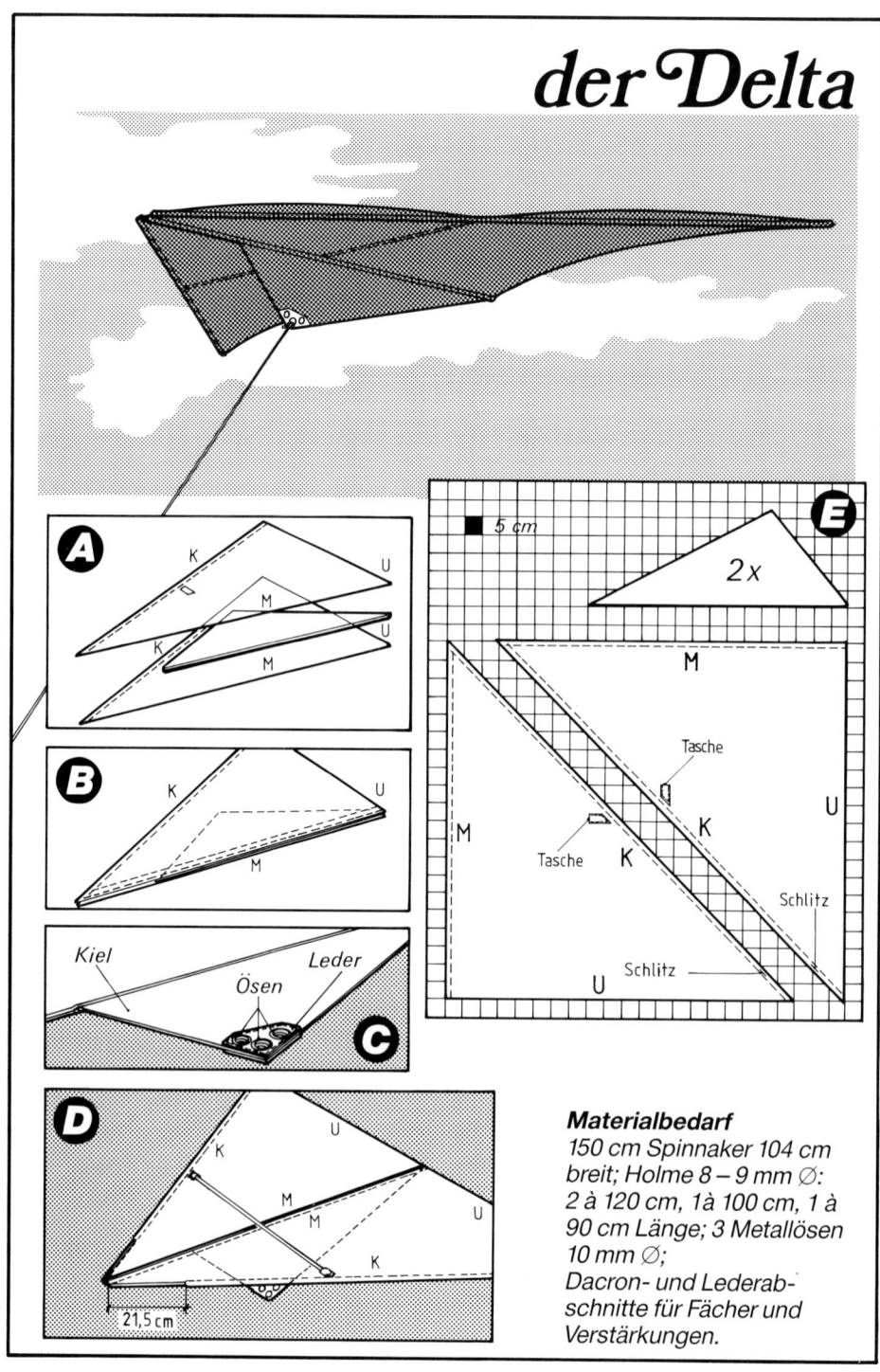

A — K U M K U M

B — K U M

C — Kiel Leder Ösen

D — U K M M U K
21,5 cm

E — ■ 5 cm 2x
M Tasche U M Tasche K K Schlitz Schlitz U

Materialbedarf

150 cm Spinnaker 104 cm breit; Holme 8 – 9 mm ⌀: 2 à 120 cm, 1à 100 cm, 1 à 90 cm Länge; 3 Metallösen 10 mm ⌀; Dacron- und Lederabschnitte für Fächer und Verstärkungen.

Der Delta (Wind: sanft bis mittel)

Schneiden Sie, am besten mit einer Schablone, ein Stück Spinnaker von genau 1 x 1 m zu. Teilen Sie dann dieses Quadrat diagonal durch[1]. Diese beiden Teile ergeben das Hauptsegel. Schneiden Sie dann (2 x) das Kielsegel gemäß Zeichnung zu. Legen Sie die beiden (141 cm) langen Kanten der Hauptsegelhälften um und nähen sie 15 mm ab. Diese beiden Röhren ergeben die Fächer für die Kantenholme. Alle vier Öffnungen mit kurzer Naht verschließen. Legen Sie die beiden Kielsegel kantengenau aufeinander. Nähen Sie die beiden kurzen Seiten des Kieldreiecks zusammen (ca. 3–4 mm parallel zur Kante). Kieldreieck wenden, so daß die Nähte innen liegen. Legen Sie die beiden Hälften des Hauptsegels aufeinander. Fach auf Fach, Saum auf Saum. Schieben Sie das Kielsegel so zwischen die beiden Hauptsegelhälften, daß die noch offene, nicht vernähte Kante des Kielsegels haarscharf zwischen zwei kurzen Seiten des Hauptsegels liegt[2] (s. Skizze B). An dieser Kante abnähen und ein zweites Mal im Abstand von 15 mm zur ersten Naht, so daß das Fach für den Achsholm entsteht. Diese Arbeitsschritte verlangen Geduld und eine ruhige Hand. Stellen Sie nun zwei Taschen zur Aufnahme des Querholmes her, und nähen Sie diese hinten, 63,5 cm von der Deltaspitze entfernt, knapp neben die Kantentasche auf den Rand. Es ist äußerst wichtig, daß beide Taschen genau auf der gleichen Höhe sitzen. Andernfalls neigt der Drachen beim Flug zum Kreiseln. Kantenfächer 10 cm von den unteren Ecken entfernt 2 cm längs einschneiden[3]. *Achtung:* nur durch eine Stofflage des Fachs schneiden, nämlich durch die hintere.

Verstärken Sie jetzt die Spitze des Kiels beidseitig mit je einem Lederdreieck und schlagen gemäß Skizze B drei Ösen ein. Schieben Sie den Achsholm von der Spitze her in das

Der Delta wurde in den späten 40er und frühen 50er Jahren durch den amerikanischen Luftfahrtingenieur Francis M. Rogallo entwickelt. Das Prinzip der halbflexiblen Verbindung von Achsholm und Kantenstäben bzw. Spreizstab hat sich seitdem zum Renner gemausert. Es gibt inzwischen zahlreiche Varianten des Deltas. Der hier vorgestellte Typ basiert auf der ursprünglichen Form.

[1] Nehmen Sie ein AL-Lineal zu Hilfe!

[2] Wenn Ihnen die Sicherung mit Stecknadeln schwerfällt, benutzen Sie einfach Layoutkleber.

[3] Durch diese Schlitze werden später die Kantenholme eingesetzt. Das Prinzip der Schlitze hat den Vorteil, daß Sie gebrochene Holme einfach austauschen können, ohne das Fach aufzutrennen. Die Schnittkanten der Schlitze werden mit klarem Nagellack gegen Ausfransen gesichert.

(mittlere) Fach. Verschließen Sie das Fach mit ein paar Handstichen. Es schadet übrigens nichts, wenn Sie den Achsholm um 1–2 cm kürzen müssen, ist jedoch normalerweise nicht nötig, insbesondere, wenn Sie maßgenau gearbeitet haben. Nun noch die Kantenholme durch die kleinen Schlitze in die Kantenfächer einführen. Das geschieht nach dem Prinzip „zwei Schritte nach vorne, einer zurück". Die Seitenholme sind kürzer als die Fächer, die oben 21,5 cm frei bleiben müssen! Wenn Sie jetzt noch den Spreizstab einsetzen, ist Ihr Delta fertig zum Probeflug[1].

In welcher Öse des Kiels Sie die Flugleine befestigen, hängt von den Windverhältnissen ab. Die obere Öse wird bei starkem, die untere bei leichtem Wind benutzt. Die dazwischen liegende Öse wird für mittlere Winde verwendet. Sie dürfen dem Delta nicht zuviel Schnur auf einmal geben, da er sich dann auf die Nase stellt und abschmiert. Überhaupt neigt der Delta im böigen Bodenwindbereich zu aeronautischen Flegeleien, fliegt aber weiter oben, in gleichmäßigem Wind, sehr stabil. Er kann einen sehr steilen Flugwinkel einnehmen und sogar auf der Thermik reiten, übt dann keinen Zug mehr auf die Flugleine aus[2]. Wenn Sie mögen, verzieren Sie die untere Kante des Deltas mit bunten Fransen. Achten Sie dabei aber auf eine gleichmäßige Gewichtsverteilung. Sehr attraktiv machen sich auch zwei Windsäcke (s. Seite 61), die an den unteren Ecken des Deltas befestigt werden.

Fransen haben mehr optische als aerodynamische Wirkung. Sie können die Fransen einfach an die Unterkante des Deltas nähen. Direkt an das Segel anschließende Fransen, wie man sie rechts sehen kann, sind etwas für Fortgeschrittene. Das gleiche gilt für das Zusammenfügen von gebogenen Stoffkanten. Die Patchworktechnik, wie sie auf den Seiten 14/15 beschrieben wurde, läßt sich natürlich nur anwenden, wenn gerade Teile zusammengefügt werden sollen. Will man gebogene Stoffkanten zusammenfügen, hilft bloß sorgfältiges Schneiden und Heften (Layoutkleber). Für die Nähte verwenden Sie dann den Zickzackstich.

[1] Wundern Sie sich nicht, daß die Unterseite des Deltas etwas schlaff ist. Sie haben nichts falsch gemacht. Im Gegenteil, diese schlaffe Unterkante ist für den stabilen Flug sogar erforderlich.

[2] Dank seiner im Verhältnis zum geringen Gewicht sehr großen Segelfläche ist der Delta ein idealer Leichtwinddrachen, verträgt aber auch frischere Brisen.

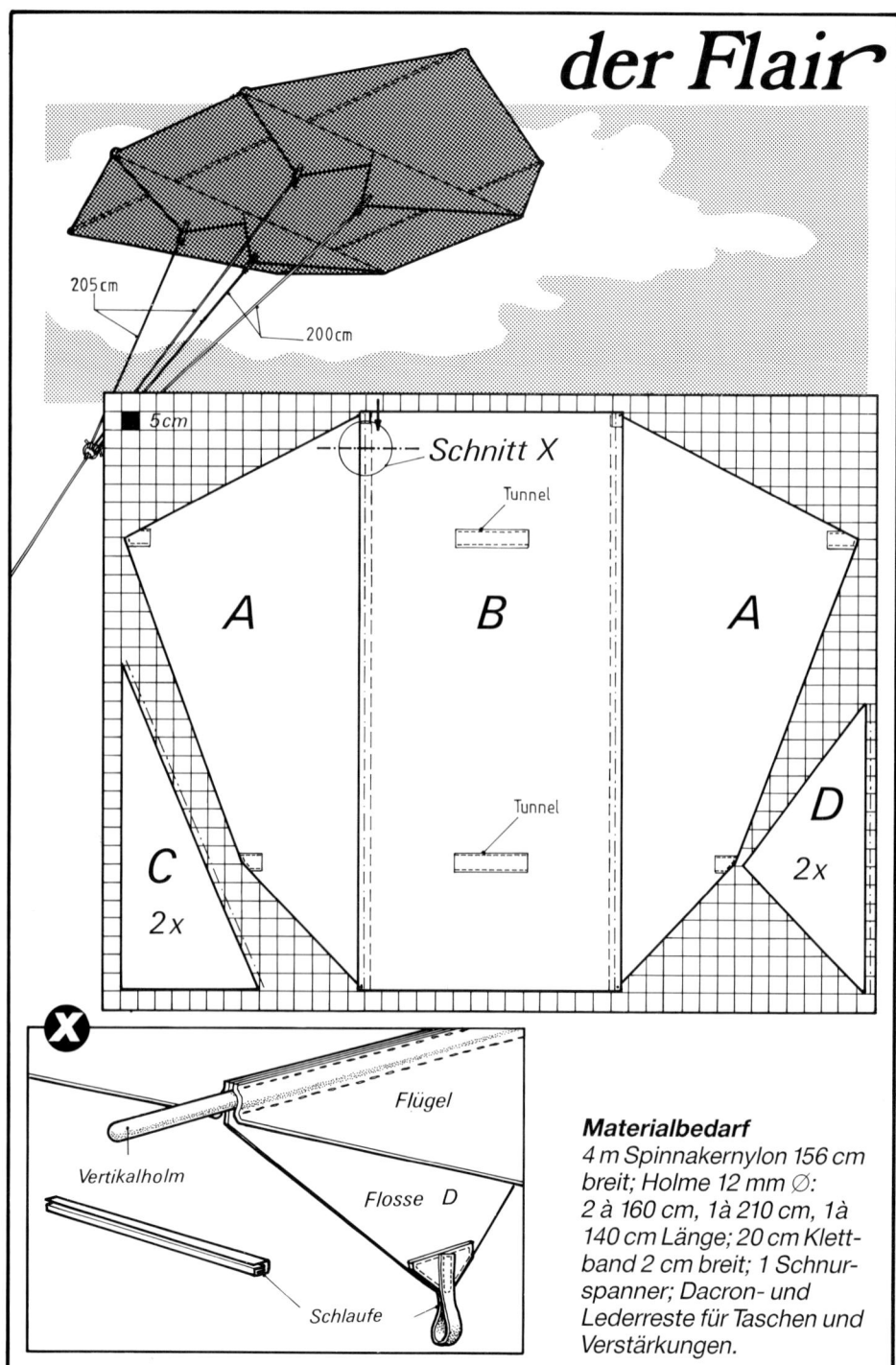

der Flair

205 cm

200 cm

5 cm

Schnitt X

Tunnel

A

B

A

C
2x

Tunnel

D
2x

X

Flügel

Vertikalholm

Flosse D

Schlaufe

Materialbedarf
4 m Spinnakernylon 156 cm breit; Holme 12 mm ∅: 2 à 160 cm, 1 à 210 cm, 1 à 140 cm Länge; 20 cm Klettband 2 cm breit; 1 Schnurspanner; Dacron- und Lederreste für Taschen und Verstärkungen.

Der bekannte englische Drachenbauer David Pelham war einer der ersten, der Drachen nach dem Prinzip des Flairs baute. Seine Drachen waren allerdings etwas breiter im Verhältnis zur Höhe, was zweifellos noch bessere Auftriebseigenschaften, aber auch größere Probleme der Stabilisierung mit sich bringt. Die hier vorgestellten Proportionen sind ein sehr brauchbarer Kompromiß und haben sich als vorteilhaft erwiesen.

Die Waage des Flairs ist vierschenklig. Die Waageschnüre werden in die Schlaufen an den Flossenspitzen eingeknotet. Der Sammelpunkt aller Waageschnüre soll in der Drachenmitte etwas unterhalb des oberen Querholms liegen. Für einen Flair der hier beschriebenen Größe bedeutet das: obere Waageschnüre 205 cm, untere 200 cm lang. Dies sind theoretische Werte.
Sie werden nicht umhin können, die genauen Längen für Ihren eigenen Flair empirisch zu ermitteln. Der obere Querholm wird mit einer Spannschnur leicht gebogen. Wie stark, hängt von den Windverhältnissen ab. Je stärker der Wind, desto stärker die Biegung. Wie so oft, gibt es natürlich auch hier eine Grenze, zumal der Flair in erster Linie für leichte und sanfte Winde konstruiert wurde.

Der Flair (Wind: sanft bis leicht)

Die streng geometrischen Segelformen dieses Drachens sind leicht herzustellen. Alle Segelstücke lassen sich nämlich von der Form eines Rechtecks ableiten. Schneiden Sie, vorzugsweise mit einer Schablone, zwei Rechtecke à 72 x 160 cm (A), eines 74 x 160 cm (B), eines 90 x 44 cm (C) und zwei 42 x 80 cm (D). A ergibt jeweils einen Flügel, B das Mittelsegel, C beide Unterflossen und D jeweils eine Oberflosse. Markieren Sie zunächst mittels Bleistift auf allen Rechtecken die Naht- bzw. die Einfaßzugaben, die einheitlich 2 cm betragen. A, C und D bekommen auf einer langen Seite eine Einfaßzugabe, B auf beiden langen Seiten (s. Skizze). Wenn Sie alle Segelstücke zugeschnitten haben, verstärken Sie die Spitzen der Flossen mit Lederstückchen und nähen jeweils eine Schlaufe (s. Skizze) zum späteren Anbringen der Waage an. Die Schlaufen stellen Sie aus Spinnakerresten her, die mindestens viermal gefaltet und dann genäht werden müssen, damit sie den Zugkräften widerstehen können. Wie die einzelnen Segelelemente zusammengesetzt werden, ist im folgenden an der linken Drachenhälfte erklärt. Legen Sie Mittelsegel (B), untere und obere Flosse (C + D) und einen Flügel (A) so übereinander, daß alles auf der linken Seite haarscharf mit den 2 cm breiten Nahtzugaben abschließt. Die Reihenfolge der Lagen ist wichtig. Legen sie von unten nach oben in folgender Reihenfolge: B-C-D-A. Die Spitzen von Flossen und Seitensegel zeigen dabei nach rechts. Nähen Sie genau auf der Nahtzugabelinie ab (s. Skizze).
Wenn Ihre Nähmaschine einen Zickzackstich besitzt, benutzen Sie diesen, denn diese Naht muß beim fertigen Drachen sehr große Kräfte aushalten. Nähen Sie eine zweite Naht knapp neben den (noch offenen) Segelkan-

ten, so daß ein Fach entsteht. Es ist wichtig, daß beide Nähte schön parallel verlaufen, damit das Fach nicht zu eng wird. Es muß später ein Rundholzstab von 12 mm ∅ hineinpassen. An der Unterseite des Drachens wird das Fach einfach mit einem aufgenähten Leder- oder Dacron-Streifen verschlossen. An der oberen Seite benutzen wir die Klettbandmethode[1] (s. Skizze bzw. Seite 12). Setzen Sie jetzt entsprechend der linken Seite des Drachens auf der rechten Flügel sowie Flossen an und stellen das Fach her. Verstärken Sie die Flügelspitzen mit Dacron, und nähen Sie auf die Rückseite jeweils eine Tasche aus Dacron oder Leder. Die oberen Flügelspitzen erhalten noch je eine Schlaufe, wie Sie sie auch auf die Flossenspitzen aufgenäht haben (s. Skizze). Wenden Sie den Drachen auf die Rückseite (Flossen nach unten). Nähen Sie im Verlauf der Linie zwischen den beiden Flügeltaschen oben und unten gemäß Skizze je einen ca. 20 cm langen und 4 cm breiten Tunnel auf die Rückseite des Mittelsegels (B). Sie sollen die Querholme in ihrer Lage stabilisieren. Sie müssen unbedingt genau in der Mitte zwischen den Flügelspitzen auf das Mittelsegel genäht werden. Schieben Sie die Vertikalholme in die Taschen, schließen Sie sie mit dem Klettband, und setzen Sie die Querholme ein. Wenn Sie Ihren Flair mit einem Schwanz ausstatten wollen, muß die Schwanzaufhängung die Form eines Dreiecks haben, wie sie auf der Abbildung Seite 41 zu sehen ist[2].

[1] Die Nähte, die die Filzstückchen festhalten, sollen genau auf den Nähten liegen, mit der Sie das Fach selber gebildet haben. Das gleiche gilt für das Klettband. Nähen Sie zuerst die Filzstückchen, dann die Klettbänder auf. Es schadet nichts, wenn Sie die Klettbänder in ihrer Breite etwas beschneiden müssen, falls es zu eng zugehen sollte. Sie können die Filz- und Klettbandstückchen auch schon vorher auf die entsprechenden Stellen der Nahtzugabe der einzelnen Segelteile nähen. Das erfordert aber sehr, sehr genaues Zusammenfügen der einzelnen Segelteile. Bei Ihrem ersten Flair sollten Sie die erstgenannte Methode anwenden.

[2] Der Flair ist ein ausgesprochener Leichtwinddrachen. Wenn Sie ihn bei Windstärken von mehr als 3 fliegen wollen, ist ein Schwanz sehr empfehlenswert.

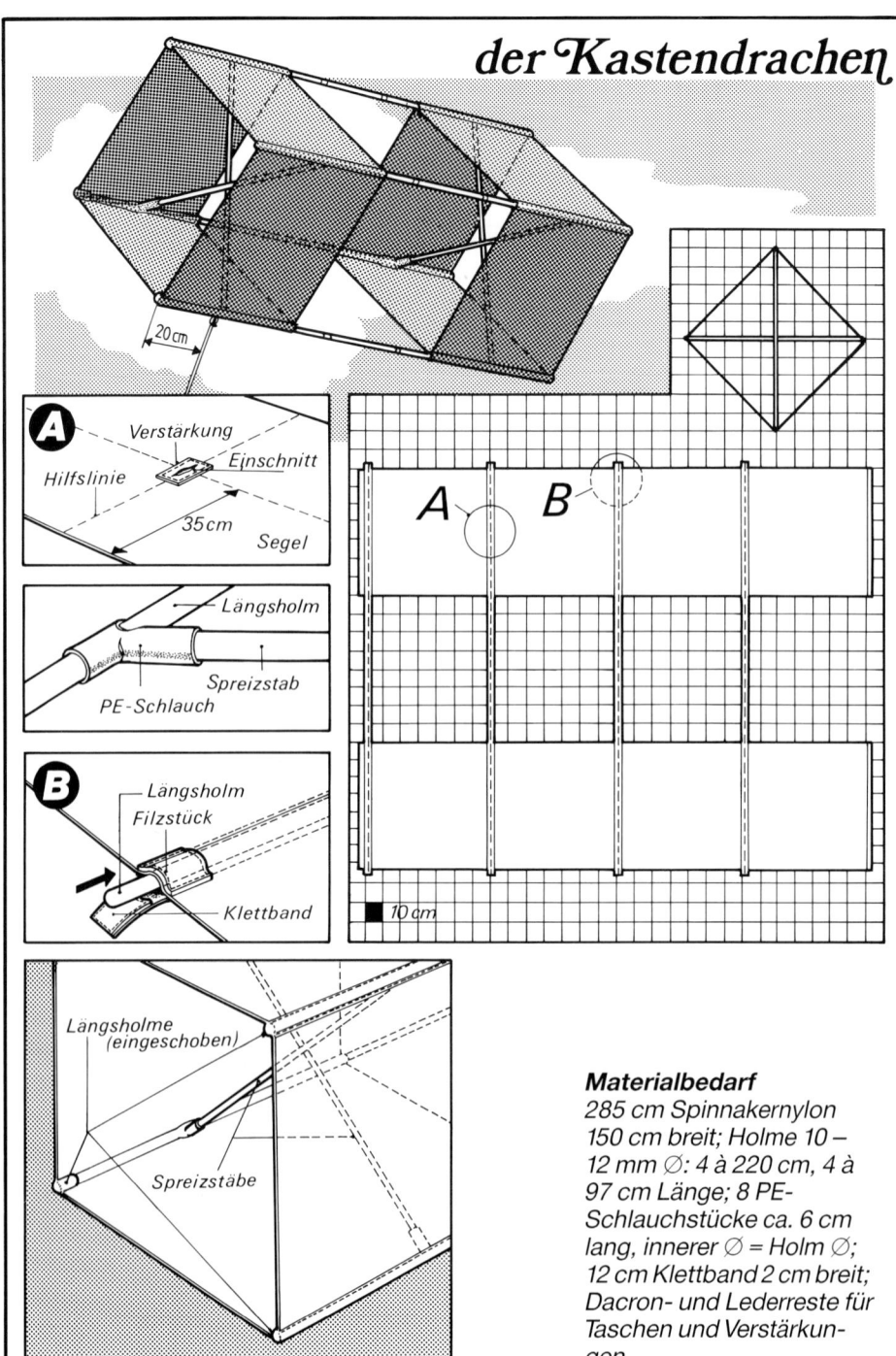

der Kastendrachen

A — Verstärkung, Hilfslinie, Einschnitt, 35 cm, Segel

Längsholm, Spreizstab, PE-Schlauch

B — Längsholm, Filzstück, Klettband

A, B

10 cm

20 cm

Längsholme (eingeschoben)

Spreizstäbe

Materialbedarf

285 cm Spinnakernylon 150 cm breit; Holme 10 – 12 mm ⌀: 4 à 220 cm, 4 à 97 cm Länge; 8 PE-Schlauchstücke ca. 6 cm lang, innerer ⌀ = Holm ⌀; 12 cm Klettband 2 cm breit; Dacron- und Lederreste für Taschen und Verstärkungen.

Zellendrachen

Der Kastendrachen
(Wind: frisch bis kräftig)

Schneiden Sie für die obere Zelle des Drachens ein Spinnakerstück von 70 cm Breite und 283 cm Länge zu. Markieren Sie mit Bleistift eine Hilfslinie auf einer schmalen Seite, 2 cm von der Kante entfernt, auf der anderen 1 cm entfernt, und teilen Sie die restlichen 280 cm in vier gleiche Felder à 70 cm. Auch an diesen Stellen Hilfslinien einzeichnen, auf denen Sie den Mittelpunkt, also 35 cm einer Breitseite gemessen, für das spätere Einsetzen der Spreizholme markieren. Vier Verstärkungsstücke 6 cm x 3 cm aus Dacron zuschneiden und so auf die Hilfslinien aufnähen, daß der Mittelpunkt der Verstärkungsstücke genau auf den Markierungspunkten liegt. Das Segel und die Verstärkung, von den Markierungspunkten ausgehend, jeweils 2 cm nach oben und unten einschneiden (A). Stellen Sie vier Spinnakerstreifen 2 cm x 226 cm her. Nähen Sie auf ein Ende jedes Streifens ein Klettbandstückchen à 3 cm x 2 cm und auf das Segel an den in der Skizze gekennzeichneten Stellen die Gegenstückchen (Filz) des Klettbandes (B). Nun die so vorbereiteten Streifen so auf das Segel (mittig auf die Hilfslinien, aber auf die Gegenseite der verstärkten Schlitze) nähen, daß die mit Klettband bestückten Streifenenden über das Segel überstehen, und umgeklappt gegen die Filzstückchen auf der Zelleninnenseite gedrückt werden können, um das Fach zu verschließen. Schneiden Sie nun das Segel für die untere Zelle nach den gleichen Maßen zu. Es erhält auch Verstärkungen und Einschnitte an den gleichen Positionen, allerdings keine Klettbandverschlüsse. Verbinden Sie das Segel für die obere Zelle und die Streifen mit dem Segel für die untere Zelle gemäß Skizze[1].

Mit mehreren Kastendrachen, die Sie miteinander verbinden, können Sie ganze Himmelskulpturen schaffen. Diese Skizzen auf Seite 44 sollen nur eine kleine Anregung sein. Hauptproblem bei diesen Kastenkombinationen sind natürlich die Verbindungen zwischen den Einzel-Drachen. Sicherlich, man kann sie mit Schnur zusammenbinden. Eine zuverlässige Sache. Aber auf dem Flugfeld doch sehr zeitaufwendig. Lassen Sie sich von den Verbindungselementen auf Seite 16 inspirieren. Schaffen Sie „Ihre" einmalige Kastenkombination.

Verwenden Sie zum Fixieren von Streifen, Klettband und Filzstückchen wieder Layoutkleber. Das ist erheblich einfacher als Heften mit Nadeln. Immer das zu fixierende Teil einsprühen, nicht umgekehrt!

[1] Achten Sie darauf, daß Sie die Streifen nicht versehentlich verdreht aufnähen.

Die unten überstehenden Enden der Streifen mit Dacron verstärken, auf die spätere Innenseite umlegen und mit zwei Nähten verschließen. Legen Sie die schmalen Kanten - Fächer innen - kantenbündig aufeinander, und nähen Sie die Segel innerhalb der Nahtzugabe zusammen. Wenn Sie die Segel wenden, liegt die Naht innen und die Fächer außen. Stellen Sie aus PE-Schlauch acht Leistenverbinder her (s. Seite 16). Beginnen Sie nun mit dem Einschieben der Längsholme in die Fächer. An jedem Schlitz eine kleine Schiebepause einlegen und den Leistenverbinder einfädeln. Die Schlauchstücke sollen und müssen stramm auf den Rundhölzern sitzen. Insofern ist dieses Einfädeln eine etwas mühselige Arbeit. Nehmen Sie sich Zeit dazu. Wenn Sie alle vier Längsholme eingeschoben haben, prüfen Sie noch einmal, ob auch alle Streifenstücke zwischen den Zellen gleichmäßig straff sitzen. Wenn Sie genau gearbeitet haben, sollte das der Fall sein. Mit den Klettbandverschlüssen können Sie die Spannung der Streifen, wenn auch nur geringfügig, regulieren. Spannen Sie nun den Drachen auf, indem Sie die Spreizstäbe in die Öffnungen der Schlauchstückchen einsetzen. Wahrscheinlich müssen Sie die (theoretische) Länge der Spreizstäbe etwas kürzen, um einen faltenfreien Sitz der Zellenwände zu erzielen. Eine weitere Regulierungsmöglichkeit bieten Ihnen die Schlauchstückchen, die Sie auf den Vertikalholmen etwas nach oben und unten schieben können. Wenn alles faltenfrei und zu Ihrer Zufriedenheit sitzt, fixieren Sie die Schlauchstückchen auf den Vertikalholmen mit UHU Alleskleber. Die freien Fachstreifen zwischen den Zellen können mit tesaband an den Holmen fixiert werden (s. Skizze).

Die Abbildung zeigt einen doppelten Kastendrachen. Sie können ihn aus zwei Grundversionen, wie sie in der Bauanleitung beschrieben sind, zusammensetzen. Es ist aber auch möglich, die mittleren Paare der Vertikalholme in einem Fach zusammenzufassen bzw. durch jeweils einen einzigen Vertikalholm zu ersetzen. Im letzteren Fall erfolgt der Zusammenbau sinngemäß wie beim Hargrave (s. Seite 47).

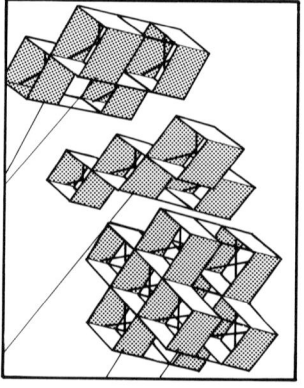

Es gibt zwei Möglichkeiten, die Waage beim Kastendrachen anzubringen (s. Skizze). Ich empfehle Ihnen die direkte Hargrave-Waage. Bei dieser Waage gibt es keinerlei Einstellungsprobleme.

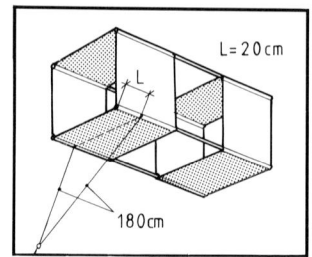

Hargrave Kastendrachen

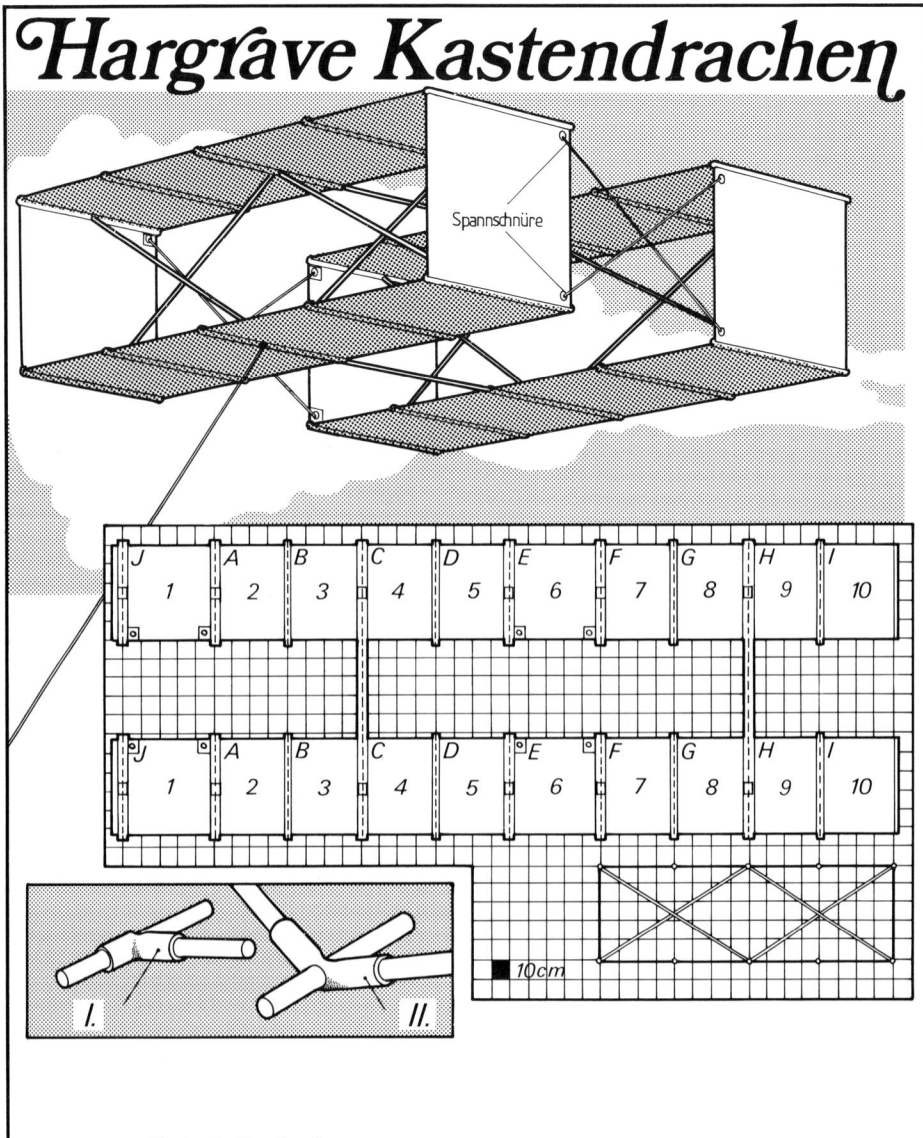

Spannschnüre

	J		A		B		C		D		E		F		G		H		I
	1		2		3		4		5		6		7		8		9		10

	J		A		B		C		D		E		F		G		H		I
	1		2		3		4		5		6		7		8		9		10

■ 10 cm

I.   II.

Materialbedarf

425 cm Spinnakernylon 102 cm breit und 40 x 56 cm für Fächer; 2 Dacron-Streifen 158 cm lang, 3 cm breit; Holme 10 mm ⌀: 2 à 150 cm, 8 à 50 cm, 8 à 95 cm sowie 8 mm ⌀: 8 á 50 cm Länge; 55 cm Klettband 2 cm breit; 12 Stückchen PE-Schlauch 6 cm lang, 2 Stückchen 5 mm lang, innerer ⌀ 10 mm; 8 Metallösen 10 – 20 mm ⌀; 4 Kleinstkarabinerhaken; Dacron- und Lederreste für Verstärkungen.

Der Hargrave Kastendrachen
(Wind: frisch bis kräftig)

Er wird ähnlich wie der normale Kastendrachen auf Seite 43 hergestellt. Deshalb sollten Sie den normalen Kastendrachen auch schon einmal gebaut, zumindest aber seine Bauanleitung genau studiert haben, bevor Sie sich mit dem Hargrave befassen. Beginnen Sie mit dem Zuschnitt der Segel. Sie benötigen zwei Stücke mit einem Zuschnittmaß von 423,5 x 50 cm[1]. Teilen Sie wiederum einen Streifen durch Hilfslinie in 2,5 cm Abstand von einer schmalen Kante und von der anderen 1 cm ab. Teilen Sie die restlichen 420 cm in 10 Felder, 2 à 50 cm (1 und 6, s. Skizze) und 8 à 40 cm auf. Zwischen den einzelnen Feldern lotrechte Trennlinien einzeichnen. Die Felder ergeben beim fertigen Drachen folgende, obere Segel: 1 = linkes Seitensegel, 6 = rechtes Seitensegel, 2–5 = vorderes Segel, 7–10 = hinteres Segel. Genau in der Mitte der Trennlinien A, C, E, F, H und J einen Punkt markieren, Verstärkungsstücke aufnähen und Segel, vom Markierungspunkt ausgehend, nach oben und unten jeweils 2 cm einschneiden (s. Kastendrachen, Seite 43).

Stellen Sie nun die Spinnakerstreifen für die diversen Fächer her[2]. Insgesamt, also inclusive der fürs Untersegel, brauchen Sie 8 Streifen à 2 cm x 56 cm, 8 à 3 cm x 56 cm sowie 2 Streifen aus Dacron à 3 cm x 158 cm. Auf ein Ende jedes Streifens ein Stück Klettband 3 x 2 cm nähen. Die Gegenstückchen aus Filz werden auf die spätere Innenseite an den oberen Segelrand genäht (s. Skizze).

Nun die Dacron-Streifen auf Linien C und H (zunächst nur beim Segel für die obere Zelle), die 2 cm breiten Spinnakerstreifen auf Linien B, D, G und I (obere und untere Zelle) und die 3 cm breiten auf Linien A, E, F und J (obere und untere Zelle) so aufnähen, daß die Klettbandenden überstehen und umgelegt gegen

Dieser Drachen trägt seinen Namen nach dem berühmten Drachenpionier Lawrence Hargrave, einem gebürtigen Engländer, der, nach Australien ausgewandert, 1893 begann, mit Drachen zu experimentieren.

Hargrave stattete seine Kastendrachen zum Teil zusätzlich mit einem Kiel aus, der senkrecht zwischen den beiden Zellen eingespannt war. Auf diese Sonderkonstruktion wurde hier aus Gründen der Vereinfachung verzichtet. Hargrave-Kastendrachen wurden übrigens bis weit in unser Jahrhundert hinein zur Wetterbeobachtung eingesetzt.

[1] Bei so großen Segelzuschnitten verlegt man den Arbeitsplatz am besten auf den Fußboden.

[2] Wenn so viele Fächer herzustellen sind, lohnt sich der Einsatz des AL-Lineals als Schablone ganz besonders.

die Filzstückchen gedrückt werden können, um die Taschen zu schließen. Die langen Enden der Dacron-Streifen nun gemäß Skizze mit dem Segel der unteren Zelle verbinden. Alle überstehenden Streifenenden umlegen und taschenartig zunähen. Stellen Sie die Holmverbinder aus PE-Schlauch her. Sie benötigen acht Stück des Typs, wie er auch beim normalen Kastendrachen verwendet wird (I) und zusätzlich vier Stück gemäß Skizze (II). Das Segel wird wie beim Kastendrachen (s. Seite 44, oben) zusammengenäht und gewendet. Jetzt gilt es festzulegen, welches die obere und die untere Zelle ist. Ich schlage Ihnen vor, die Festlegung so vorzunehmen, daß beim aufrecht stehenden Drachen die Klettbandverschlüsse alle nach oben zeigen, woraus sich die Positionen von selbst ergeben.

Verstärken Sie nun die unteren Ecken der oberen Seitensegel und die oberen Ecken der unteren Seitensegel gemäß Skizze mit Lederstückchen, und schlagen Sie die Metallösen ein. Fester Sitz dieser Ösen ist sehr wichtig, weil hier später Spannschnüre eingebunden werden. Nun beginnen Sie mit dem Einschieben der Holme in die Fächer. Fangen Sie mit den beiden langen 10 mm ∅ Holmen an, die in die Dacron-Fächer geschoben werden. An den geschlitzten Stellen die Leistenverbinder Typ II einfädeln.

Nun die kurzen 10 mm ∅ Holme in die (Eck-) Fächer auf den Linien A, E, F und J einfügen. Hier an den geschlitzten Stellen die Holmverbinder Typ I einfädeln. Die 8 mm ∅ Leisten in die Fächer auf den Linien B, D, G und I einschieben. Mit den Klettbändern alle Fächer fest verschließen. Die restlichen 10 mm ∅ Rundholzstäbe, es sind die Spreizstäbe, in die Schlauchenden einsetzen und den Drachen aufspannen. Wie beim normalen Kastendrachen Spreizstäbe gegebenenfalls et-

Zum Fixieren von Streifen, Klettband- und Filzstückchen setzen Sie am besten Layoutkleber ein. Sie brauchen keine Bedenken zu haben, daß Sie das Fach damit zukleben. Erinnern wir uns: mit Layoutkleber zusammengefügte Teile lassen sich problemlos wieder trennen. Falls wider Erwarten beim Einschieben der Holme Probleme auftreten sollten, weil die Wirkung des Klebers zu kräftig ist, schieben Sie einen mit Lösungsmittel getränkten Wattebausch in dem Fach hin und her (Wattebausch dazu um einen dünneren Rundstab legen und mit Gummiband gegen Abrutschen sichern). Das wird aber nur selten erforderlich sein. Normalerweise trennen sich die Taschenwandungen beim Einschieben der Holme so gut wie von selbst.

Anstatt Ösen zu verwenden, können Sie auch Schlaufen an die entsprechenden Stellen nähen. Diese Schlaufen werden genauso hergestellt, wie die für die Flossen des Flairs (Seite 39). Bei der Schlaufenmethode neigen die Zellen des Hargrave jedoch leichter zum Faltenwurf.

Der Hargrave ist ein sehr stabiler und leistungsfähiger Flieger. In frischem Wind, für den er sehr gut geeignet ist, entwickelt er beachtliche Zugkräfte.

was kürzen, damit die Bespannung glatt und faltenfrei sitzt. Alle Schlauchverbinder auf korrekte Position prüfen, denn auch sie haben Einfluß auf den Sitz der Bespannung.

Binden Sie jetzt die Spannschnüre in die Ösen ein, und zwar von oben hinten nach unten vorn. Spannen Sie die Schnüre aber nicht zu stramm! Die Schnüre sollen lediglich vermeiden, daß sich die Zellen verwerfen. Da sich der Drachen ohne Spannschnüre bedeutend einfacher mit den Spreizstäben aufspannen läßt, es aber mühselig ist, nach jedem Aufbau die Spannschnüre erneut einzubinden, empfiehlt es sich, sie nur unten fest einzubinden, und sie oben mit kleinen Karabinerhaken zu versehen, die einfach in die Ösen eingeklinkt werden können. Erst wenn alles faltenfrei sitzt, Schlauchverbinder auf den Holmen mit Alleskleber sichern. Die Waage, ein einfaches Stück Schnur mit einem Metallring zum Einklinken der Flugleine, wird direkt am vorderen Vertikalholm angeknotet. Dazu müssen Sie natürlich ein kleines Loch in den Dacron-Streifen schneiden. Ober- und unterhalb des Knotens Rutschsicherungen aus PE-Schlauch mit UHU Alleskleber anbringen. Auch den Knoten selbst mit Alleskleber bestreichen und so sichern.

Der Doppel-Conyne
(Wind: leicht bis kräftig)

Silas Conyne, ein amerikanischer Drachenpionier, ersann diese klassische Konstruktion Anfang dieses Jahrhunderts. Große Conyne-Gespanne trugen sogar Menschen in die Lüfte.

Achten Sie darauf, daß bei den Rechtecken (A) die Nahtzugabe spiegelbildlich positioniert ist: auf dem linken Flügel auf der rechten Seite, auf dem rechten Flügel auf der linken Seite.

Um Segel auf Segel bzw. Nahtzugabe genau auf Nahtzugabe zu positionieren, verwenden Sie wieder den Layoutkleber. Für solche kniffeligen Aufgaben ist er geradezu prädestiniert.

Aufpassen, daß Sie nicht zu eng nähen. Die Vertikalholme müssen in das Fach passen.

Materialbedarf
530 cm Spinnakernylon 96 cm breit; Holme 10–12 mm ⌀: 6 à 150 cm, 1 à 230 cm, 1 à 180 cm Länge; 30 cm Klettband 2 cm breit; 4 PE-Schlauchstücke 5–7 mm lang, innerer ⌀ = Holm ⌀; tesaband, 2 AL-Ringe; Dacron und Lederreste für Taschen, Tunnel und Verstärkungen.

Auch die Segel für diesen Drachen können Sie, ähnlich wie beim Flair, von Rechtecken ableiten und somit ziemlich einfach herstellen. Schneiden Sie also zwei Rechtecke (A) 150 x 42 cm für die Flügel, eines (B) 150 x 54 cm für das Mittelsegel, vier (C) 104 x 40 cm für die vordere Zellenseite und vier (D) 40 x 54 cm für die hinteren Zellenseiten. Zeichnen Sie an den in der Skizze gezeigten Stellen Naht- bzw. Einfaßzugaben ein. Sie sind alle 2 cm breit. Schneiden Sie dann aus den beiden Rechtecken (A) die dreieckige Flügelform. Falten Sie jedes Rechteck für die vorderen Zellen (C) einmal so, daß die Falte es in zwei Felder à 52 x 40 cm teilt. Neben dieser Falte in 1,5 cm abnähen. So entstehen die Fächer. Auf die Nähte (s. Skizze) vier kleine Schlaufen – solche, wie bei den Flossenspitzen des Flair (s. Seite 39) – nähen. Wie die einzelnen Segel zusammengenäht werden, zeigt die Skizze. Achten Sie peinlich genau darauf, daß die 2 cm breiten Nahtzugabestreifen genau wie beim Flair (s. Seite 39) präzise übereinanderliegen. Bedenken Sie, daß die oberen und unteren Zellen in einem Arbeitsgang eingefaßt werden müssen. Nähen Sie am besten von der linken Drachenseite ausgehend nach rechts. Achten Sie auch auf die richtige Reihenfolge, in der die Segel aufeinandergelegt werden müssen. Um den linken Flügel mit den linken Zellen zu verbinden, liegen die Segel von unten nach oben: D, C, A. An jeder Verbindung entstehen zwei Nähte: eine genau auf dem Trennstrich Segel zu Nahtzugabe, eine zweite knapp neben den (noch offenen) Kanten der Nahtzugabestreifen. So entstehen die Fächer für die Vertikalholme.

An der Unterseite des Drachens werden alle Fächer einfach mit einem aufgenähten Le-

der Doppel~Conyne

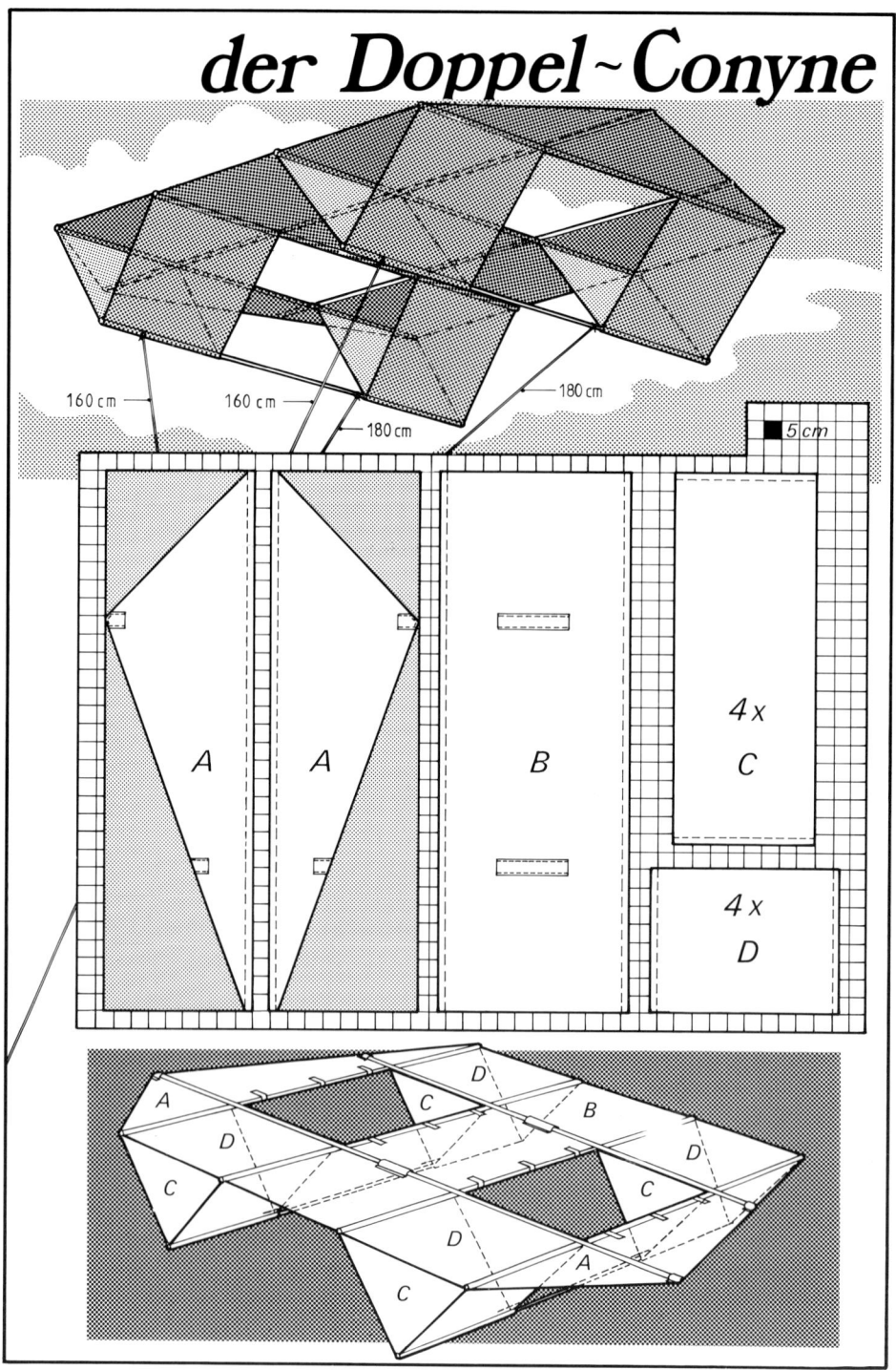

160 cm   160 cm   180 cm   180 cm

5 cm

A   A   B   4x C

4x D

52

der- oder Dacron-Streifen verschlossen. Auf der Oberseite benutzen Sie die Klettbandmethode wie beim Flair (s. Seite 39). Die oberen Öffnungen der unteren kurzen Fächer und die unteren Öffnungen der oberen kurzen Fächer bleiben jedoch offen! Verstärken Sie die Flügelspitzen und den Flügelrand im unteren Bereich, wo die Taschen zur Aufnahme der Querholmenden aufgenäht werden, mit Dacron. Taschen an diesen Stellen auf der Rückseite des Drachens aufnähen. Die hinteren Längsholme liegen im mittleren Teil des Drachens frei. In diesem Bereich sind die Flügel (A) und das Mittelsegel (B) auch nicht an den Längsholmen befestigt, denn das Fach ist hier z. T. offen. Zur Befestigung der Flügel und des Mittelsegels an den Holmen nähen Sie gemäß Skizze jeweils drei Schlaufen an die Flügel und an beide Seiten des Mittelsegels. Setzen Sie nun alle Vertikalholme ein, und verschließen Sie die Klettbandfächer. Wenn Sie genau gearbeitet haben, wird alles gut sitzen, bis auf die vorderen Seiten der Zellen. Sie rutschen nämlich an Punkt A an den Holmen nach oben und unten. Um das zu vermeiden, verbinden Sie jeweils obere und untere Zelle mit einem Stück Schnur, welches in die vorbereiteten Schlaufen eingeknotet wird. Setzen Sie nun die Querholme ein, und markieren Sie die Stelle, an der sie über das Mittelsegel laufen. Nähen Sie hier zwei Tunnel auf, wie beim Flair (s. Seite 39). Der Doppel-Conyne ist ein sehr stabiler Flieger, der manchmal extrem steile Flugwinkel einnimmt und enorme Zugkräfte entwickeln kann. Er fliegt in einem weiten Bereich Windstärken. Lediglich sehr schwache Brisen halten ihn am Boden.

*Die Waage des Doppel-Conyne ist vierschenkelig. Sie wird an den in der Skizze gekennzeichneten Stellen angebracht. Die unteren Schenkel, jeweils 180 cm lang, können direkt an die Zellenholme angeknotet werden. Die oberen Schenkel sind jeweils 160 cm lang. Um sie an die Zellenholme zu knoten, müssen Sie mit einer Nadel kleine Löcher in das obere Fach stechen. Alle Knoten müssen gut gegen Verrutschen gesichert werden. Bei den unteren Schenkeln ist das kein Problem: Nehmen Sie kurze PE-Schlauchstücke, die über und unter den Knoten mit UHU Alleskleber auf die Holme geklebt werden. Auch auf die Knoten selber einen Tropfen Alleskleber als zusätzliche Sicherung geben. Bei den oberen Schenkeln können Sie keine Schlauchstücke verwenden, denn die Knoten sitzen innerhalb des Fachs, das zu eng ist, um noch Schlauch aufzunehmen. Hier hilft nur besonders sorgfältiges Sichern mit Alleskleber sowie jeweils ein bis zwei Lagen tesaband ober- und unterhalb der Knoten, natürlich, **bevor** Sie die Holme in die Fächer schieben. Oberes und unteres Schenkelpaar in getrennte Metallringe knoten, die dann gemeinsam in den Karabinerhaken der Flugleine eingeklinkt werden.*

Abb. 1. Umschlagseite

Der Albatros wurde vom Autor auf Basis des soge- nannten Peter Lynn Kasten- drachens entwickelt. Peter Lynn, ein neuseeländischer Drachenfreund, stellte das Prinzip der diagonal-schrä- gen Zellwände Mitte der 70er Jahre der Öffentlich- keit vor. Der Peter Lynn Kastendrachen hat nur zwei einzelne übereinander angeordnete Zellen, die ihm auch ein sehr gutes Flugverhalten ermöglichen. Der Albatros fliegt jedoch aufgrund der erhöhten Zahl von stabilisierenden Zellen noch ruhiger und entwickelt stärkeren Auf- trieb.

Bei der Farbauswahl für die Segel des Albatros sollten Sie sehr überlegt vorgehen. Bei nur zwei Farben haben Sie bereits 225 verschie- dene Möglichkeiten: von einfarbig einer Farbe zu einfarbig der zweiten Farbe, mit 223 verschiede- nen Möglichkeiten, die dazwischen liegen. Bei drei Farben sind es schon 3375 Kombinationsmöglichkei- ten und bei neun Farben sind wir bei mehr als 38 Milliarden Farbkombinatio- nen angelangt, so daß Sie theoretisch für jeden Erden- bürger gut zehn unter- schiedlich farbige Alba- trosse bauen könnten.

Der Albatros (Wind: mittel bis kräftig)

Ausgangspunkt für diesen Drachen sind 15 Quadrate 50 x 50 cm aus Spinnakernylon. Um diese herzustellen, sollten Sie auf jeden Fall mit Schablone und Lötkolben arbeiten. Legen Sie dann drei Quadrate haarscharf übereinander und teilen Sie sie gemeinsam diagonal durch. Wiederholen Sie diese bei- den Arbeitsschritte zweimal mit je drei weite- ren Quadraten. So erhalten Sie sechs Drei- eckstapel. Die Dreiecke jedes Stapels sind an ihrer langen Seite durch die Hitze des Löt- kolbens miteinander verbunden. Die restli- chen sechs Quadrate werden anders verar- beitet. Wie, werden wir später sehen. Wen- den wir uns zunächst den Dreieckstapeln zu. Jeweils drei von ihnen ergeben eine Außen- seite des Drachens. Wir beginnen mit der lin- ken. Legen Sie drei Stapel (1L, 2L, 3L) neben- einander so auf Ihre Arbeitsfläche, daß die Spitzen von Ihnen wegweisen (Skizze). Tren- nen Sie die zusammengeschweißten Kanten auf einer Länge von 2 cm vorsichtig mit ei- nem scharfen Messer wieder auf, und zwar rechtes Ende von Stapel 1L, beide Enden von Stapel 2L und linkes Ende von Stapel 3L. Alle drei Stapel müssen miteinander verbunden werden. Rechte Spitze von L1 mit linker Spitze von L2 und linke Spitze von L3 mit rechter Spitze von L2 (Skizze). Dazu schie- ben Sie die Spitzen erstmal lose ineinander. Achten Sie auf die richtige Verteilung der ein- zelnen Lagen. Von unten nach oben muß fol- gendes Lagenbild entstehen (Skizze):
1. Ebene: Untere Dreiecke von 1L und 3L
2. Ebene: Unteres Dreieck von 2L
3. Ebene: Mittlere Dreiecke von 1L und 3L
4. Ebene: Mittleres Dreieck von 2L
5. Ebene: Obere Dreiecke von 1L und 3L
6. Ebene: Oberes Dreieck von 2L
Sichern Sie die Verbindungen mit Steckna- deln. Es ist wichtig, daß die langen Seiten

der Albatros

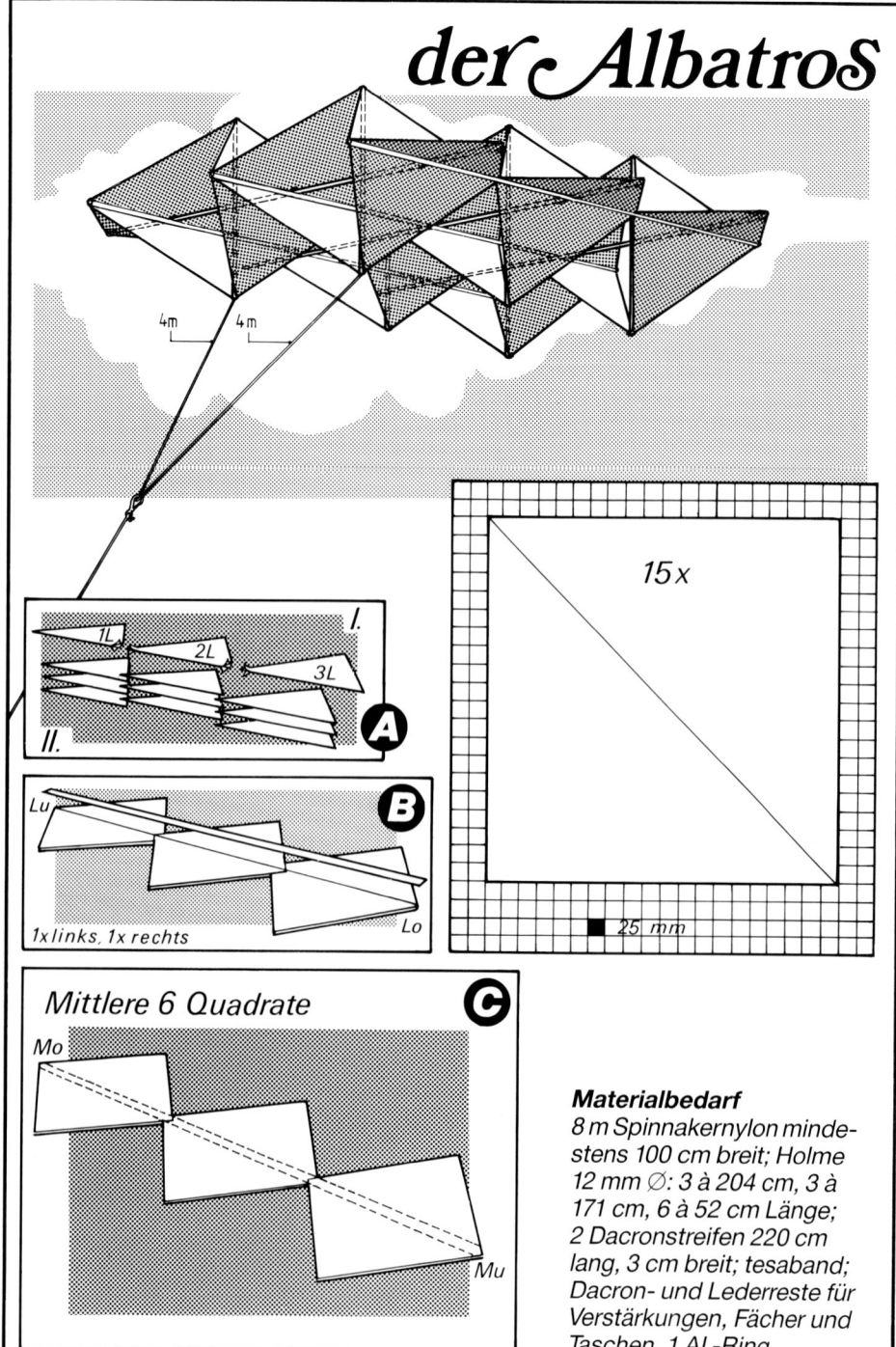

4m 4m

I.
1L 2L 3L

II.

A

Lu

1x links, 1x rechts

Lo

B

15x

■ 25 mm

Mittlere 6 Quadrate **C**

Mo

Mu

Materialbedarf
8 m Spinnakernylon minde-
stens 100 cm breit; Holme
12 mm ∅: 3 à 204 cm, 3 à
171 cm, 6 à 52 cm Länge;
2 Dacronstreifen 220 cm
lang, 3 cm breit; tesaband;
Dacron- und Lederreste für
Verstärkungen, Fächer und
Taschen, 1 AL-Ring.

aller drei Dreieckstapel schön gerade in einer Fluchtlinie liegen bleiben. Nähen Sie zunächst an den Verbindungsstellen durch alle sechs Segel eine Naht, ca. 5 mm parallel zur geschweißten Kante. Die Dreieckstapel sind jetzt fest miteinander verbunden. Nun müssen noch die Schweißkanten gesichert werden. Das geschieht nach dem gleichen Prinzip, nach dem die Verbindungsstellen gesichert wurden. Also wieder ca. 5 mm parallel zum Rand (Schweißkante) eine Naht alle drei Dreiecke entlang nähen. Zur Vorbereitung der Fächer für die Vertikalholme legen Sie wiederum die drei Dreieckstapel so auf Ihre Arbeitsfläche, daß die Spitzen von Ihnen weg weisen. Ziehen Sie von jedem Stapel die beiden unteren Lagen in Ihre Richtung. Von oben betrachtet sieht die Geschichte nun aus wie drei Quadrate (s. Skizze B). Für das Fach selber benötigen Sie einen Stoffstreifen 218 cm x 3 cm. Er wird auf die Diagonalachsen der Quadrate von Punkt LO nach LU aufgenäht. An beiden Enden steht er ca. 70 mm über; hier wird das Fach später verschlossen (s. Seite 59). Es ist wichtig, daß der Streifen für das Fach absolut gerade und mittig aufgenäht wird. Streifen vorher auf dem Segel fixieren, damit beim Nähen nichts verrutscht. Nachdem der Streifen aufgenäht ist, werden alle noch freien Ecken (also die Spitzen der Dreiecke, die einen rechten Winkel haben) auf jeder Seite mit einem Stückchen Dacron 5 x 5 cm verstärkt. Damit ist die linke Außenseite des Drachens fast fertig. Wiederholen Sie alle Arbeitsschritte mit den restlichen drei Dreieckstapeln und stellen Sie die rechte Außenseite her.

Aus den restlichen sechs Quadraten wird der Mittelteil des Drachens gebaut. Legen Sie jeweils zwei Quadrate haargenau übereinander. Markieren Sie die Diagonale, und nähen Sie im Abstand von 1 cm zu dieser Linie links

Wenn Ihnen das Arbeiten mit Stecknadeln schwerfällt, nehmen Sie wieder den hilfreichen Freund aus der Sprühdose, den Layoutkleber. Da hier aber nur ganz kleine Flächen eingesprüht werden, müssen Sie unbedingt mit Masken aus Zeitungspapier arbeiten.

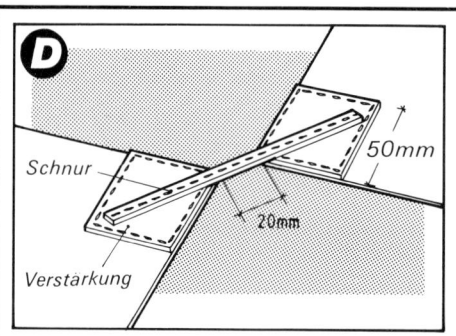

D

Schnur

Verstärkung

50mm

20mm

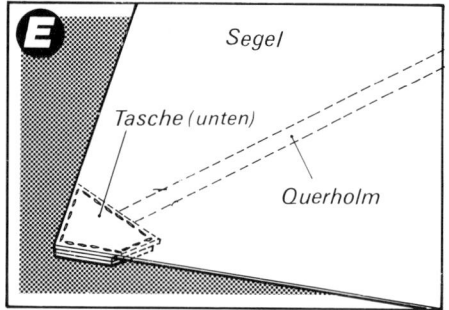

E

Segel

Tasche (unten)

Querholm

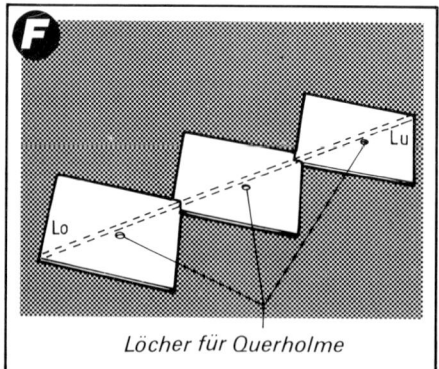

F

Lo

Lu

Löcher für Querholme

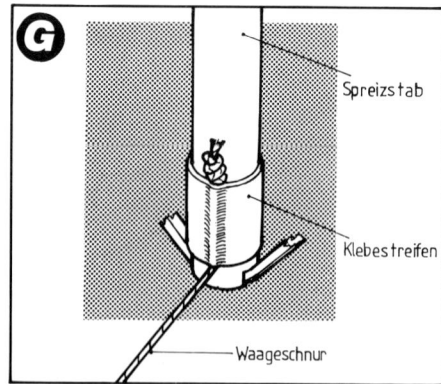

G

Spreizstab

Klebestreifen

Waageschnur

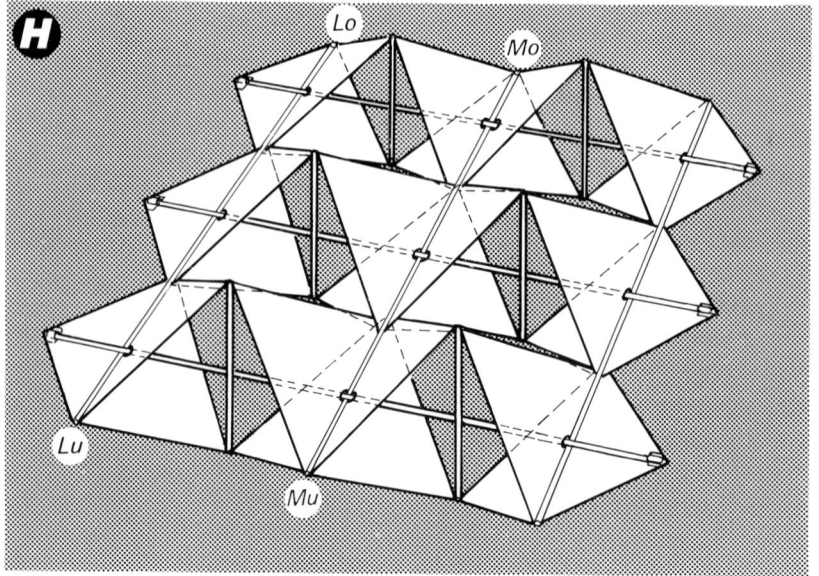

H

Lo

Mo

Lu

Mu

Der Albatros

und rechts ab. Das ergibt später das Fach für einen weiteren Vertikalholm. Verbinden Sie diese drei Stapel, bestehend aus jeweils zwei aufeinanderliegenden Quadraten, an ihren Spitzen (siehe Skizze C). Die Spitzen des in der Mitte liegenden Quadratstapels müssen dabei zwischen die beiden Spitzenenden der äußeren Quadratstapel geschoben werden. So entsteht das Fach für einen weiteren Vertikalholm. Es verläuft durchgehend durch die Diagonalen aller drei Quadratstapel (siehe Skizze). Das so hergestellte Mittelteil wird mit den beiden Außenteilen verbunden, indem auf die freien Ecken (Spitzen mit rechtem Winkel) Schnurstücke von 16 cm Länge gemäß Skizze D aufgenäht werden. Bei dieser Arbeit muß man sehr genau aufpassen, daß man nichts verdreht zusammennäht. Schauen Sie sich dazu genau die Übersichtsskizze H an. Wenn Sie alles richtig verbunden haben, ist die aufwendigste Arbeit an Ihrem Albatros auch schon erledigt. Für die noch verbleibenden Schritte ist es sinnvoll zu definieren, was beim Albatros vorne und was hinten ist. Das hört sich zwar merkwürdig an, ist aber wichtig, weil bei diesem Drachen so gut wie alles symmetrisch ist. Also, die Seite, auf die Sie die Fachstreifen genäht haben, ist vorne. Jetzt müssen sechs Taschen zur Aufnahme der Querholme auf die Flügelspitzen auf der Rückseite des Drachens genäht werden (siehe Skizze E).

Verschließen Sie die drei Fächer für die Vertikalholme auf der unteren Seite des Drachens. Dabei werden die überstehenden Streifenenden der Fächer auf den Außenseiten mit Stoff- oder Dacron-Resten verstärkt und umgelegt. Den Fachverschluß des Mittelteils erzielen Sie durch Aufnähen eines 3 cm breiten und 10 cm langen Stoff- bzw. Dacron-Streifens, 5 cm kommen auf die Vorderseite, die anderen 5 cm umgelegt auf die Rückseite

Die Schnurstücke sind einfacher aufzunähen, wenn man sie vorher mit heißem Bügeleisen flach gebügelt hat. Passen Sie jedoch auf, daß Sie Ihr Bügeleisen nicht zu heiß einstellen, da sonst die Gefahr besteht, daß die Schnur schmilzt und nach dem Erkalten so hart wird, daß man sie nicht mehr aufnähen kann.

des Drachens. Schieben Sie nun die Vertikalholme in die Fächer, und verschließen Sie die Fächer an der Oberseite des Drachens nach dem gleichen Prinzip wie an der Unterseite. Da die Fächer stramm sitzen müssen, und Sie die Fächer mit eingesetzten Holmen schließen, erledigen Sie dies zweckmäßigerweise mit Handstichen und zu zweit.

Schauen Sie sich jetzt nochmals die Skizze H an. Aus ihr ist ersichtlich, daß die Querholme auf der Hinterseite des Drachens liegen und durch die hinteren Zellenwände hindurchführen. Also müssen diese Zellenwände Löcher erhalten. Legen Sie den Drachen auf den Bauch. Breiten Sie ihn ganz aus. Alle Segel sollen stramm liegen. Legen Sie die Querholme auf die Drachenrückseite zwischen ihre Taschen. So können Sie sehen, auf welcher Höhe die Holme durch die hinteren Zellenwände geführt werden. Schneiden Sie mit dem Lötkolben und einer 2 DM-Münze runde Löcher in die hinteren Zellenwände. Setzen Sie nun die Querholme richtig ein, und spannen Sie den Drachen mit den sechs Spreizstäben auf. Die Spreizstäbe bekommen eine 1 cm tiefe Kerbe in ihre Enden, damit die Verbindungsschnüre nicht abrutschen (siehe Skizze G). Die Kerbe fertigt man am besten mit Pucksäge und Rundfeile an.

So aufwendig der Albatros gebaut wird, so einfach ist seine Waage. Es genügt, wenn Sie die Enden einer ca. 8 m langen Schnur an den Enden der obersten Spreizstäbe gemäß Skizze mit tesaband anbringen. In die Schnur klinken Sie den Karabiner Ihrer Flugleine ein. Der Karabinerhaken wird beim Flug auf der Waageschnur hin und her in die richtige Position rutschen. Ein solches Waagesystem nennt man selbstjustierend. Es ist absolut narrensicher.

Wenn Sie die Löcher zur Durchführung der Querholme in die hinteren Zellwände schneiden, müssen Sie einen hitzefesten Gegenstand zwischen die Hinter- und Vorderzelle legen, sonst brennen Sie der Vorderzelle ebenfalls ein Loch in den Pelz, was natürlich nicht erwünscht ist.

Schwänze

Sie sind nicht nur schmük-kendes Beiwerk des Dra-chens, sondern haben auch Einfluß auf stabilen Flug und sind bei vielen Flachdrachen sogar uner-läßlich. Entgegen einer weit verbreiteten Ansicht, daß die Wirksamkeit des Schwanzes lediglich von seinem Gewicht abhängt, haben seine Länge, Struk-tur und Bauart einen viel wichtigeren Stellenwert. Es wäre ja auch unsinnig, den Drachen möglichst leicht zu bauen, um ihn hernach mit einem Schwanz wieder zu be-schweren. Gewicht ist eine vertikale Kraft, die nach unten wirkt. Ein Schwanz soll jedoch die Zugkraft eines Drachens regulieren und seine Richtungsstabili-tät erhöhen, also auch Einfluß auf horizontale Kräfte nehmen. Diese Wir-kung läßt sich durch Verlän-gerung und Verkürzung des Schwanzes verstärken oder reduzieren. Die Faust-regel, daß er siebenmal so lang sein soll wie der Dra-chen, ist nur eine Richt-schnur. Die richtige Länge ist von vielen Faktoren abhängig und muß für jeden Drachen empirisch ermittelt werden. Windsäcke sind Sonderfor-men des Schwanzes.

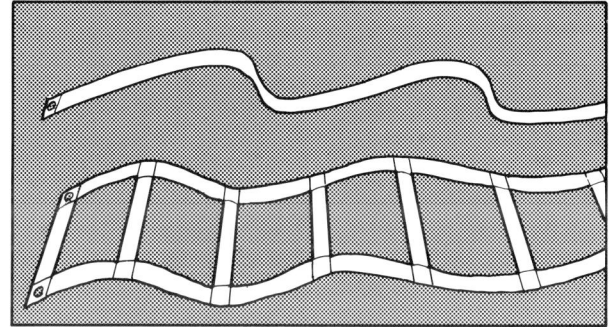

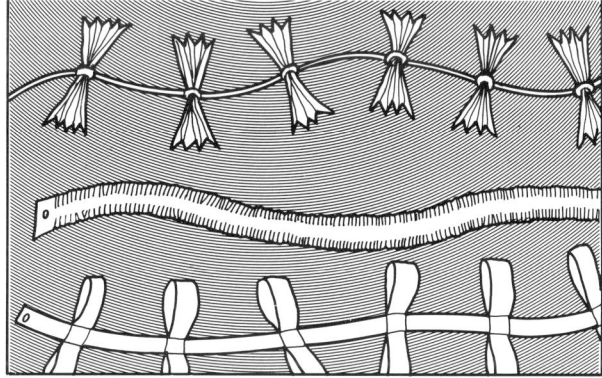

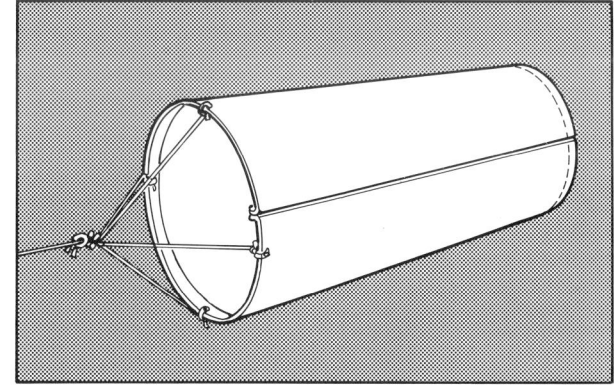

Fluggelände und Sicherheitshinweise

Wenn der Drachen nicht so steigen will, wie der Pilot gern möchte, sollte man die Schuld nicht sofort auf den Drachen schieben. In vielen Fällen ist ungeeignetes Fluggelände der Grund. Daß man auf einem kleinen Rasenstückchen mitten in der Stadt kaum erfolgreich Drachen fliegen lassen kann, dürfte jedem einleuchten. Aber auch größere, freiere Flächen haben ihre Tücken. Baumreihen, auch wenn sie nicht in der Flugbahn liegen, verursachen Wirbel. Auch ein größeres Gebäude, selbst wenn es 100 m und mehr abseits des Fluggeländes liegt, kann Windschatten bilden. Suchen Sie Ihr Fluggelände sorgfältig aus. Machen Sie an einem Wochenende einen kleinen Ausflug in die nähere Umgebung, und halten Sie nach geeignetem Platz Ausschau, wo der Wind gleichmäßig und frei blasen kann. Nichts ist frustrierender, als ein gescheiterter Flugversuch auf ungeeignetem Gelände, der Ihnen möglicherweise Ihr neues Hobby vermiest, bevor Sie es richtig begonnen haben. Und das wäre recht schade.

Vergessen Sie bitte bei der Auswahl Ihres Fluggeländes nicht die Sicherheit. Meiden Sie noch so windgünstiges Gelände, wenn es in der Nähe von Autobahnen, anderen stärker befahrenen Straßen, Eisenbahnlinien, Hochspannungsleitungen und natürlich Flughäfen liegt. Das Drachenfliegen innerhalb eines Ringes von 6 km um jeden Flughafen ist gesetzlich verboten.

Zwar nicht gesetzlich vorgeschrieben, aber dringend empfohlen sei das Tragen von kräftigen, lederbesetzten Handschuhen beim Drachensport. Moderne Kunststoffleinen können sehr heiß werden, wenn sie durch ungeschützte Hände gleiten.

Und nicht nur Hände sind empfindlich, sondern auch die Flugleinen selber. Es gibt z.B.

sehr dünne und sehr kräftige Superleinen, die ganz tolle Hochleistungseigenschaften bieten. Durch einen Drachen stramm in der Luft gespannt, sind sie jedoch scharf wie ein Rasiermesser. Also: Vorsicht und Rücksicht auf andere Leinen!

Auch wenn es Spaß macht auszuprobieren, wie hoch Ihr Drachen wohl fliegen kann, mehr als 100 m sind verboten. Es gibt allerdings die Möglichkeit, eine zeitlich begrenzte Sondererlaubnis für größere Flughöhen zu bekommen, z.B. bei Drachenfestivals. Wenden Sie sich dazu an die zuständige Behörde, deren Adresse sie vom örtlichen Polizeirevier erfahren können.

Große Drachen können enorme Kräfte entwickeln. Respektieren Sie bitte diesen Umstand, und sichern Sie Ihren Drachen immer an einem Bodenanker (s. Seite 13).

Drachensport ist ungemein kommunikativ. Bestimmt werden Sie auf dem Fluggelände Gleichgesinnte treffen und schon bald Erfahrungen austauschen. Es gibt seit 1984 auch einen Verein, der sich den Drachensport auf die Fahnen geschrieben hat. Der

Drachen-Club-Deutschland e. V. (DCD)
Wandsbeker Chaussee 82
2000 Hamburg 76

steht seinen Mitgliedern mit Rat und Tat zur Seite. Vom DCD erfahren Sie auch, ob in der Nähe Ihres Wohnortes bereits ein Fluggelände mit regelmäßigen Treffs existiert. Der DCD gibt ein Vereinsmagazin heraus. Es heißt HOCH HINAUS, erscheint ca. drei- bis viermal im Jahr und enthält jede Menge Informationen zur Drachenszene.

HOBBY+WERKEN

Freizeit-Prospekt auf Anforderung.

Christophorus-Verlag 7800 Freiburg

CIP-Kurztitelaufnahme der Deutschen Bibliothek

Voss, Axel G.:
Drachenbau mit Erfolg:
Kniffe, Tips & Anleitungen/
Axel G. Voss. –
Freiburg i. Br.:
Christophorus-Verlag, 1987.
(Hobby + [und] Werken; 19)
ISBN 3-419-52769-1

NE: GT

© 1987 Christophorus-Verlag GmbH
Freiburg im Breisgau

Die Drachen auf den Abbildungen Seite 25, 29, 33 und 45 stellte der Drachenladen Wolkenstürmer freundlicherweise zur Verfügung. Die Abbildung auf Seite 1 entstand mit freundlicher Unterstützung von Wolfgang Schimmelpfennig.

Fotos: Manfred Kunst
Zeichnungen: Lajos Jobbagy
Herstellung: B & K, Ottersweier